영화속
　　뉴욕산책

영화속
뉴욕산책

정윤주 지음

NEW YORK IN THE CINEMA

프롤로그

나는 뉴욕을 설렘, 기쁨, 그리고 그리움이라 말한다.

무라카미 하루키는 이렇게 말했다.

"그곳에 무엇이 있는지 이미 알고 있다면, 아무도 굳이 시간과 노력을 들여 여행을 가진 않을 겁니다. 몇 번 가본 곳이라도 갈 때마다 '오오, 이런 게 있었다니!' 하는 놀라움을 느끼기 마련입니다. 그것이 바로 여행입니다."

나에게 뉴욕은 바로 이런 곳이다.
몇 번을 가고 또 가도 나에게 만큼은 놀라운 곳.
오, 이런게 있었다니! 다시 설렘을 주는 곳.
언제나 여행자의 느낌으로 다가갈 수 있는 도시.
일상을 여행처럼, 여행을 일상처럼 보낼 수 있는 도시.
삶을 예술처럼, 여행을 예술처럼 즐길 수 있는 도시.

영화배우 버트 랭카스터(Burt Lancaster)는 〈Sweet Smell of Success〉 영화를 촬영하면서 이렇게 말한바 있다.

"*I love this dirty town.*"

그렇다. 뉴욕은 화려하기도 하지만 더럽고 번잡한 도시이기도 하다. 낡은 건물과 지하철 역. 가끔 길가에 정리되지 않은 쓰레기 때문에 악취를 풍기기도 하고 지저분한 거리를 보며 눈살을 찌푸리게 만들기도 한다. 하지만 나에게 뉴욕은 도시의 어두운 골목까지 매력적으로 다가오는 것만큼은 틀림없다.

낭만적이고 에너지 넘치는, 그저 거리를 걷기만 해도 흥분되는 도시다.

이처럼 나에게 뉴욕은,
설렘, 기쁨, 그리고 그리움이다.

나태주의 시 〈풀꽃〉처럼,

자세히 보아야 예쁘다.
오래 보아야 사랑스럽다.

뉴욕이 그렇다.

자세히 보고 싶다.
오래 보고 싶다….

뉴욕에서 5년간 유학 생활을 하면서, 그리고 지금은 미국음대 유학 컨설턴트로 일하며 방문하게 되면서, 반드시 찾는 뉴욕의 명소들이 있다. 그 중 한곳은, 메트로폴리탄 미술 박물관이다. 이곳은 입구부터 꽤 기분 좋게 해준다. 날씨가 좋을 땐 어김없이 입구 계단에 앉아 쉬는 사람들을 객석으로 여기는 듯 자신들의 무대를 펼쳐 뽐내는 뮤지션들이 눈에 띄곤 한다. 재즈를 연주하고 아카펠라를 부르는 등 정겨운 뮤지션들이 기분을 더 유쾌하게 해준다. 박물관 입구 계단에 앉아 거리 음악도 즐기며 따뜻한 햇살도 느껴 본다.

  그리고 꼭 인상주의 작품들을 감상한다. 난 인상주의 작품 중에서도 특히 평온하고 여유가 느껴지는 모네의 작품이 좋다. 모네의 그림은 자연의 풍경을 가장 아름답고 신비로운 빛깔로 묘사하여 그 색채감에 빠져들게 한다. 모네의 작품은 자연의 풍경과 사람에 대한 애정이 느껴지고 부드러운 색채감으로 따스한 느낌을 준다.

  메트 미술 박물관에 소장되어 있지 않지만 엄마와 아들로 보이는 어린아이가 햇볕 내리쬐는 정원에서 산책하는 모습을 그린 듯한 아르장퇴유의 개양귀비꽃 풍경화를 참 좋아한다. 어릴 적, 다섯 살쯤 엄마 손을 꼭 잡고 창덕궁에 산책을 나갔던 기억이 너무 좋았다. 산책 중 내가 힘들어하는 모습을 보고 엄마는 내게 먹고 싶은 게 있는지 물으셨는데, 난 바나나가 먹고 싶다고 했고 그 시절 흔하게 찾을 수 없었던 바나나를 기꺼이 사주셨다. 아, 우리 엄마. 이렇듯 모네의 작품은 나의 어린 시절을 회상해보며 엄마와 산책이 포근하고 따뜻했던 느낌으로 다가와, 그의 작품들을 가만히 바라보고 있으면 그 시절 느꼈던 감정이 되살아난다. 모네의 작품은 참 마음을 평온하게 해준다. 또 르누

와르의 피아노 치는 소녀들의 그림도 좋다. 볼에 불그스런 빛을 띤 어여쁜 두 소녀가 피아노 악보에 몰두하는 모습을 그린 작품이 온화하게 느껴진다. 이 그림을 보면 어릴적 피아노 레슨을 받으며 들었던 아름다운 피아노 소리가 떠오른다.

  메트 미술 박물관에 가면 루프탑에 꼭 들르는데, 사방이 탁 트인 옥상에서 세계 최고의 도시와 도심 속 오아시스와 같은 휴식처, 센트럴파크의 전경을 한눈에 바라보며 상쾌한 바람도 느껴본다. 루프탑 스탠드에서 시원한 드링크 한 잔도 하고.

  박물관 밖으로 나오면 5애비뉴 선상 가로수길 사이로 미술 작품들을 선보이는 거리가 길게 늘어서 있어 산책을 한층 더 즐겁게 해준다.

  이렇게 이곳에서 시간을 보내는 느긋한 하루.

  내가 느끼는 감정을 어떻게 표현해야 할지 모르겠다.

  또, 기회가 되면 놓치지 않는 곳이 있다.

  난 아직도 한여름 밤, 센트럴파크에서 차이코프스키와 브람스의 곡으로 웅장하게 울려 퍼지던 뉴욕 필하모닉 오케스트라 연주와 그 연주를 보기 위해 모인 열정으로 가득 찬 사람들의 모습을 잊을 수 없다.

  뉴욕은 예술가의 집합소라 해도 과언이 아니다. 그래서 뉴요커라면 예술을 사랑하는 사람들이라 할 수 있고 또 그래서 예술을 사랑하는 사람들이 뉴욕에 모이게 되는 듯하다. 뉴요커들은 늘 예술 작품과 공연을 즐길 수 있다. 뉴욕에 사는 이들만의 특권이라 해도 되겠다.

  그리고 "I Love New York!"이라는 표현을 늘 실감하면서 살아간다. 특히 센트럴파크에서 열리는 뉴욕 필하모닉 오케스트라 공연은 뉴요커들의 뜨거운 열정을 사로잡기에 충분하다. 〈어거스트 러쉬〉란 영화 속에도 이 공원에서의 공연을 마지막으로 막을 내린다.

수만 명의 인파가 모이는 거대한 센트럴파크에서 한여름 밤의 뉴욕 필하모닉 오케스트라 공연! 도심 속 휴식처 센트럴파크에서 깊게 뿌리를 내린 나무들 사이로 웅장하게 울려 퍼지는 오케스트라 음악을 가족과 연인, 친구들과 혹은 혼자여도 외롭지 않을 테니 이 낭만적인 순간을 꼭 경험해보길.

뉴욕을 어떻게 사랑하지 않을 수 있을까.

이 책을 쓰면서 설렘, 그리움, 사랑, 행복, 푸른, 초록색, 빛, 그리고 아름다운 도시 뉴욕이란 단어를 많이 쓴 것 같다. 이 책을 보며 우리에게 친숙한 혹은 추억의 영화 속 명장면과 명대사를 떠올리며 배경 음악도 감상해보길. 그 길을 산책하고 잠깐 일상에서 벗어나 '휴식'을 가지며 마음의 여유를 느껴보길. 영화 속 뉴욕의 명소, 거리, 카페, 공원, 재즈바, 박물관, 레스토랑, 아파트 등 영화 속 명장면을 떠올리며 낭만적인 도시에서 뉴욕의 풍경 속으로 한 번 빠져보자. 추억의 영화 〈티파니에서 아침을〉부터 최근 개봉한 영화까지 뉴욕을 배경으로 한 영화 속 풍경으로 함께 산책해보자.

영화감독이 말하는 도시, 뉴욕

뉴욕의 거리에는 그 어느 곳도 닮을 수 없는 풍성함이 있다. 격동적인 느낌. 아마 건물들 때문이 아니라 우리가 보았던 거리를 걷는 사람들 때문일 것이다.

-Susan Seidelman, director

나는 언제나 뉴욕을 매우 낭만적인 관점으로 보았던 것 같다. 그리고 마침내 뉴욕의 현실은 그것을 추월했다.

-Nora Ephron, writer/director, "You've Got Mail"

촬영지는 영화배우만큼 중요하다고 믿는다. 뉴욕이 매우 훌륭한 점은 뉴욕이란 도시를 아는 것이 불가능하다는 것이다. 그 이유는 어느 곳으로 눈을 돌리더라도 도시가 너무 방대하기 때문이다. 하지만, 한 가지 확실한 것이 있다. 뉴욕이란 도시에서 우리가 보는 곳은 그 어느 곳이든 촬영지가 될 수 있다. 그 어디를 가든, 매우 흥미로운 샷을 만들어낼 수 있는 곳이 바로 뉴욕이다.

-Peter Bogdanovich, director

뉴욕은, 내게 꼭 필요한 촬영지를 제공해줄 뿐만 아니라, 운만 좀 따라준다면 필요했던 차원을 넘어 전혀 생각하지 못했던 장면을 놀랍게 추가적으로 만들어 주기도 한다.

-Sidney Lumet, director

내게 필요한 모든 것은 뉴욕의 거리에서 모두 볼 수 있다.

-Tim Robbins, actor/producer

할렘이 어떻게 고딕 양식의 느낌을 주는 도시였는지 생각했다. 맨해튼의 거리에는 아름다운 구조물들이 존재한다. 유럽식 건축물에서 볼 수 있는 동일한 유형의 정교한 석재커팅 선이 보인다. 그건 분명히 [영화의] 어두운, 세피아 톤의 분위기를 연상케 해주었다.

-Barry Michael Cooper, writer, "Sugar Hill"

장소, 장소, 장소. 55번가-56번가의 드웨이 발렌타인(Dewey Ballantine) 사무실은 우리의 핵심 촬영지였다. 우리가 꼭 필요했던 촬영지. 꼭 이 사무실 창문이 필요했고 정말 모든 것이 잘 맞는, 꼭 필요했던 장소를 우리는 찾은 것이다.

-Tony Gilroy, director, "Michael Clayton

뉴욕에서 촬영하는 것은 마치 티파니에서 빛나는 모든 보석을 보는 것과 같다.

-Jonathan Ames, writer/producer of "Bored to Death

도시, 경관, 사람, 장소. 모든 면에서 뉴욕을 대신할 수 있는 곳은 그 어디에도 없다. 뉴욕은 다른 도시에서 흉내 낼 수 없는 특별한 시네마 베리테(다큐멘터리 풍의 영화)를 제공한다. 조명, 배경, 위치. 뉴욕은 세계의 촬영지에 있어서 그 어느 도시와도 다른 특별한 스크린을 선사한다.

-Dick Wolf, executive producer, "Law and Order"

문
득

기내 아침 식사 후 커피 향이 내 후각을 자극한다.
그윽한 커피 향이 좋다.
오늘도 다시 뉴욕이란 거대한 도시에 착륙을 기다리고 있다.
벌써 설렌다.
뉴욕에서 5년간 유학 생활을 하고 아직도 출장을 오는 곳임에도 마치 매일 아침 커피를 내릴 때 원두 갈리는 소리를 들으며 부드럽게 퍼지는 향에 취해 커피를 기다리는 순간처럼,
설렌다. 지금 이 순간에도.

남은 비행 시간 1시간 22분,
도착지 현재 시각 10시 11분.
이제 뉴욕이다. 뉴욕.

공항에서 입국심사를 마치고 맨해튼에 도착하면,
제일 먼저 콜럼버스 서클 미드타운 센트럴파크에 산책을 나가야지.
6월, 푸르름 가득한 날 도심 속 깊은 숲속 같은 공원에서
여름 향기를 느끼고 싶다.
아. 뉴욕, 뉴욕!

기내에서 문득

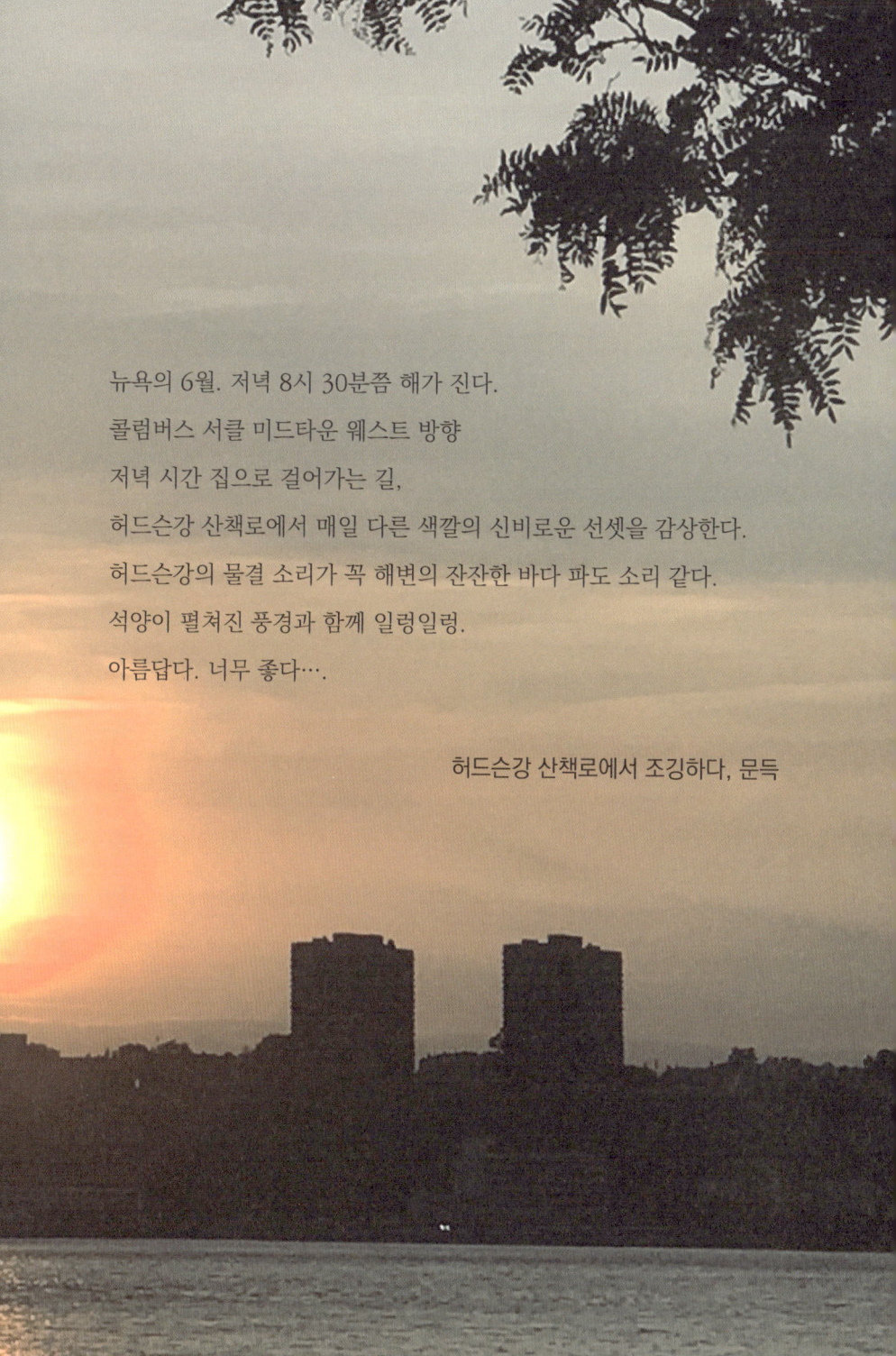

뉴욕의 6월. 저녁 8시 30분쯤 해가 진다.
콜럼버스 서클 미드타운 웨스트 방향
저녁 시간 집으로 걸어가는 길,
허드슨강 산책로에서 매일 다른 색깔의 신비로운 선셋을 감상한다.
허드슨강의 물결 소리가 꼭 해변의 잔잔한 바다 파도 소리 같다.
석양이 펼쳐진 풍경과 함께 일렁일렁.
아름답다. 너무 좋다….

허드슨강 산책로에서 조깅하다, 문득

겨울, 베데스다 센트럴파크. 아름다운 자태로 나를 유혹한다.
추운 겨울 날씨 탓에 아무도 찾아 주지 않는구나.
사람들이 쉴 새 없이 드나들며 쉬어 가고,
색소폰과 트럼펫을 연주하고,
다정한 연인들이 이야기꽃을 피우며 사랑을 속삭이던 곳.
그렇게 뽐내던 봄, 여름, 가을,
그리고 이제 아무도 찾아주지 않는 쓸쓸하고 외로운 겨울이 되었네.
그럼에도 더 아름다운 자태로 그 자리를 지키고 있구나.

매서운 바람이 불던 한 추운 겨울 날
가슴 시리게 아름답던 베데스다 분수 센트럴파크에서, 문득

뉴요커는 영화에서 영감을 받아 영화 속 주연같은 삶을 사는 사람들일까. 아니면 훌륭한 영화가 만들어질 수 있도록 영감을 주는 사람들일까.

영화를 닮아 멋있는 걸까,
뉴요커가 영화를 멋있게 하는 걸까.

한 가지 분명한 것은 뉴욕이란 도시도, 이 도시에 사는 뉴요커도, 예술 작품을 위해 서로 영감을 주고 있다는 것이다. 그리고 예술 작품은 이 도시와 이 도시 사람들을 더욱 빛나게 한다.

왜 예술을 하는가? 예술가의 인생 자체는 어쩌면 힘든 삶일지도 모른다. 하지만 사람들의 찬사와 축하를 받을 때, 비로소 그들 삶에 의미가 부여되고 또 다른 새로운 예술을 창작하게 되는 동기가 되어준다.

한 세계적인 피아니스트는 이렇게 말했다. 왜 이렇게 힘든 길을 가는지에 대해 묻자, 사람들의 박수를 받을 때 가장 행복하다고. 엄청난 시간과 노력, 힘겨운 날들을 견뎌내며 드디어 성취하고 이루어낸 순간, 사람들의 '박수 소리'가 너무 좋기 때문이란다.

아. 진정한 예술가는 참으로 순수하다. 지금 이 순간에도 세계 곳곳 어두운 방에서 끊임없이 창작하고 연습하며 고독을 이겨내면서 열정을 잃지 않고 작품을 완성해 나가는 예술가들에게 깊은 존경심과 큰 박수를 보내고 싶다.

모마 미술관에서, 문득

오늘도 해 질 녘 빌딩들 사이로 아름다운 빛깔로 물들어 가는
석양을 보기 위해 웨스트 사이드로 발걸음을 옮긴다.
그리고 그 거리를 걷는다.
그렇게 설렘으로. 뉴욕에서.

미드타운 웨스트 사이드에서 산책하며, 문득

CONTENTS

프롤로그 6
영화감독이 말하는 도시, 뉴욕 11
문득 14

레이니 데이 인 뉴욕 *A Rainy Day in New York, 2019*	27
맨해튼 *Manhattan, 1979*	37
여인의 향기 *Scent of a Woman, 1993*	40
원스 어폰 어 타임 인 아메리카 *Once Upon a Time in America, 1984*	48
해리가 샐리를 만났을 때 *When Harry Met Sally, 1989*	55
위대한 유산 *Great Expectations, 1998*	66
대부 III *The God Father III, 1990*	73
어거스트 러쉬 *August Rush, 2007*	82
아이 필 프리티 *I Feel Pretty, 2018*	90
인턴 *The Intern, 2015*	95
어벤져스 *The Avengers, 2012*	104
조커 *Joker, 2019*	110
월 스트리트 2 *Wall Street: Money Never Sleeps, 2010*	118
유브 갓 메일 *You've Got Mail, 1998*	130
뉴욕의 가을 *Autumn in New York, 2000*	140
러브 어페어 *Love Affair, 1994*	148
레옹 *Leon, 1994*	154
세렌디피티 *Serendipity, 2002*	161
페임 *Fame, 1980*	171
시애틀에서 잠 못 이루는 밤 *Sleepless in Seattle, 1993*	176
티파니에서의 아침 *Breakfast at Tiffany's, 1961*	183
나 홀로 집에 2 *Home Alone II: Lost in New York, 1992*	188
하우 투 비 싱글 *How to Be Single, 2016*	200
세컨드 액트 *Second Act, 2018*	208

브로드웨이에 막이 오를 때 *Author! Author!, 1982*	214
비긴 어게인 *Begin Again, 2013*	221
사랑의 레시피 *No Reservations, 2007*	226
뮤직 오브 하트 *Music of the Heart, 2000*	234
재회의 거리 *Bright Lights, Big City, 1988*	240
섹스 앤 더 시티 *Sex and the City: The Movie, 2008*	245
파이브 투 세븐 *5 to 7, 2014*	252
에브리원 세즈 아이 러브 유 *Everyone Says I Love You, 1996*	262
한나와 그 자매들 *Hannah and Her Sisters, 1986*	268
Mr. 히치 – 당신을 위한 데이트 코치 *Mr. Hichi, 2005*	275
파인딩 포레스터 *Finding Forrester, 2000*	284
악마는 프라다를 입는다 *The Devil Wears Prada, 2006*	289
이보다 더 좋을 순 없다 *As good As it Gets, 1997*	297
맨 인 블랙 2 *Men In Black II, 2002*	301
라스트 러브 인 뉴욕 *Griffin & Phoenix, 2006*	306
그 여자 작사 그 남자 작곡 *Music And Lyrics, 2007*	312
어느 멋진 날 *One Fine Day, 1997*	318
내니 다이어리 *The Nanny Diaries, 2007*	324
설리: 허드슨강의 기적 *Sully, 2016*	328
폴링 인 러브 *Falling In Love, 1984*	338
스파이더맨 *Spider-man, 2002*	341
당신에게 일어날 수 있는 일 *It Could Happen to You, 1994*	348

저자가 알려주는 팁 352
맨해튼 거리 361
영화에서 가장 많이 등장하는 뉴욕의 명소 368
에필로그 380

레이니 데이 인 뉴욕
A Rainy Day in New York, 2019

안개 낀 뉴욕
왜 그런지 모르겠지만
나한텐 정말 소중해
나는 비가 오는 뉴욕이 좋아

    뉴욕과 재즈를 사랑하는 개츠비(티모시 샬라메). 그가 꿈꿨던 낭만은 여자친구와 보내는 뉴욕에서의 로맨틱한 주말 데이트. 애슐리(엘르 패닝)와의 여행이 확정되는 순간부터 자신이 가장 좋아하는 곳으로 그녀를 데려갈 마음으로 준비한 데이트 코스가 무색하게, 뉴욕에 도착하자마자 그는 혼자가 된다. 그렇게 개츠비는 뉴욕의 거리를 홀로 거닐며 헤맨다.

    '레이니 데이 인 뉴욕' 영화 속 장소만 따라가 보더라도 뉴욕이라는 도시를 느끼기에 충분할 듯하다. 그리니치 빌리지, 센트럴파크, 메트

로폴리탄 미술관, 칼라일 호텔의 베델만스 바 등 뉴욕의 핫 스팟으로 눈요기에 부족함이 없는, 뉴욕을 가장 잘 묘사한 우디 앨런의 대표적인 영화가 아닐까.

영화 개봉 당시 우디 앨런의 개인사로 논란이 되었지만, 그 점을 제외하고 작품만 본다면 뉴욕 배경 영화를 대표할 수 있을 만큼 뉴욕이라는 도시의 낭만과 매력을 가장 잘 살린 영화 중 하나라는 것 만큼은 인정할 수 밖에 없겠다. 무엇보다 티모시 샬라메, 엘르 패닝, 그리고 세레나 고메즈의 연기가 뛰어나다 하지 않을 수 없다.

뉴욕에서 영화 같은 주말 여행
예상치 못했던 봄비를 통해 만나는 꿈과 사랑 그리고 삶
뉴욕의 감성이 고스란히 담긴 영화 속 뉴욕으로 산책해보자.

흐린 하늘 뉴욕의 감성
비 오는 봄날 뉴욕에서
새로운 만남을 만들기도

Chan Tyrell's Apartment, 1107 5th Avenue & East 92nd Street

엇나가기도 하는 하루
기다림으로 물드는 낭만
낭만으로 물드는 기다림으로

맨해튼 어퍼이스트의 아파트
은은한 조명 아래 클래식한 피아노
감미롭게 흐르는 재즈피아노 선율
개츠비의 낮은 목소리로 부르는 노래
창밖에 내리는 빗소리
그리고 이야기….

1940년 Frank Sinatra가 Tomy Dorsey 오케스트라와 함께 부른 'Everything Happens To Me'. 영화 속 티모시 샬라메가 피아노를 연주하면서 노래하는 명장면.

노래하듯 나누는 이야기
이야기하듯 부르는 노래

"좋다(That's pretty)."
"난 라운지 바 피아노가 좋아."

곧 사랑이 싹틀 것만 같은 봄비 내리는 옅은 안개에 싸인 뉴욕에서의 오후. 이 신 하나만으로 영화의 전체 분위기를 느낄 수 있는 듯하다. 아날로그 감성 뉴요커, 뉴욕의 모든 것을 사랑하는 개츠비는 고전 영화를 즐기고 오래된 바의 분위기를 좋아한다.

그렇게 대화는 물 흐르듯,
오후 여섯 시에 만나기로 한 개츠비와 챈.

"알았어, 시계 아래."
"무슨 시계?"
"델라코드 시계, 센트럴파크의 동물상 돌아가는…"
"완전 좋아. 옛날 영화 스타일."

Pierre Hotel, 5th Avenue & East 61st Street

뉴욕에 도착하고 센트럴파크가 한 눈에 보이는 호텔룸 뷰에서,

"경치 좀 봐"

"센트럴파크"

"설렌다"

Metropolitan Museum of Art, 1000 5th Avenue and East 82nd Street

　메트로폴리탄 미술관. 뉴욕 여행의 필수 명소로 손꼽히는 메트로폴리탄 미술관은 1870년 설립된 이래 세계 각국의 유물 총 200만 점을 소장하고 있어, 규모나 내용면에서 세계 굴지의 종합미술관으로 불린다. 영화 속 애슐리를 기다리던 개츠비는 챈과 같은 택시를 타면서 또 마주치고, 메트 미술관에 함께 간다.

Bemelmans Bar (The Carlyle Hotel) 35 East 76th Street and Madison Avenue

"개츠비, 난 네가 로맨틱하다고 생각했어"

맨해튼의 어퍼이스트에 위치한 칼라일 호텔 베멜만스 바. 유명 화가 루드비히 베멜만스가 1947년에 센트럴파크를 그린 벽화가 눈길을 사로잡는다. 영화 속 개츠비는 바에서 혼자 술을 마시기도 하고, 감성을 적셔주는 피아노를 직접 연주하기도 한다.

Macdougal Street (btw Minetta Lane and Bleecker Street)

그리니치 빌리지 Macdougal Street를 터벅터벅 걸어가며 독백하는 장면.

뉴욕에 한번 빠지면 다른 덴 못 간다.
이 정도의 불안, 적대감, 불신은 어디에도 없기에
이 얼마나 멋진가.

그리니치 빌리지는 맨해튼 아래쪽에 위치한 예술가들의 거주지로, 대중음악을 예술로 끌어올린 밥 딜런이 무명 생활을 보낸 곳으로 유명하다. 영화 '대부' 촬영지로 카푸치노가 유명해진 'Cafe Reggio'가 있는 거리. 영화 속 애슐리를 기다리던 개츠비는 이곳에서 영화 촬영 중인 친구를 만나고, 갑작스레 작품에 출연하게 되면서 챈을 만난다.

Central Park Zoo, Central Park

비 오는 뉴욕의 센트럴파크에서 개츠비와 챈이 만나는 신.
Erroll Garner의 감미로운 재즈 피아노 연주 'Misty'가 흐른다.

시계는 6시를 울리고,
뉴욕, 재즈, 봄비
그리고 기다림으로 물드는 낭만….
그것으로 다 되었다.

촬영된 장소는 센트럴파크, 델라코트(Delacorte).
출판업자이자 자선가인 조지 T. 델라코트(1894~1991)가 1965년 지어 헌납한 이 시계는 펭귄, 캥거루, 곰, 코끼리, 염소, 하마의 청동 조각상이 시계 하단을 장식하고 아치형 통로가 있다. 30분에 한 번씩,

음악이 흘러나오고 동물상이 올라앉은 원판이 회전한다. 영화 속 개츠비와 챈이 그랬듯, 뉴요커들에게 사랑받는 만남의 장소이기도 하다.

많은 사람들이 시계탑에서 만남을 기다리는 것은 어쩌면 스쳐가고 엇나가는 수많은 인연 속에 시간적 좌표를 확인하고 싶어서일까.

맨해튼 이스트 강변에 산책을 나갈 때마다 도시의 밤 야경과 찬란한 다리 불빛으로 어우러진 아름다운 풍광에 감탄하곤 했다. 그렇게 낭만적으로 다가오는 것은 어쩌면 서로 떨어져 있는 그 무엇을 연결해 주는 역할을 해주기 때문일까. 브릿지라는 것은.

브릿지에서 만날까
시계탑에서 만날까

문득

Movie OST
Eeverything Happens To Me, Timothee Chalamet

맨해튼
Manhattan, 1979

 *네 책은 출간될 거야. 멋진 책이 될 거라고.
설령 최악의 순간에도 자신에 대해 뭔가를 배우잖아?*

TV 방송작가의 일에 불만을 가진 아이삭(우디 앨런)은 아내와 이혼하고 맨해튼에서 혼자 사는 40대 초반의 남자다. 친구들과 예술과 문학에 대한 토론을 벌이고, 글을 쓰고, 가끔 트레이시와 데이트를 즐기는게 그의 일상. 어느 날 그의 절친한 친구 예일의 소개로 매리(다이안 키튼)를 알게 되지만 잘난 척하고, 자기주장이 강하고, 문학과 예술에 대한 의견이 자신과 정반대인 그녀에게 처음엔 불쾌감을 갖는다. 아이삭은 자신이 쓴 대본과 상관없이 인기에만 의존하는 저질 방송에 환멸을 느껴 방송작가 생활을 그만두고 소설을 쓰기로 한다. 얼마 후 출판기념회에서 매리와 우연히 만나게 된 아이삭은 그녀의 솔직하고 편안한 대화에 이끌리게 되고 두 사람은 밤새도록 이야기를 나눈다.

이 영화는 1980년 아카데미 각본상, 여우조연상 노미네이트, 1980년 영국 아카데미 작품상 감독상 수상, 1980년 골든글로브 작품상 노미네이트, 1980년 미국 작가협회 각본상 노미네이트, 그리고 1979년 뉴욕 영화비평가 협회 감독상을 수상하는 등 작품성이 매우 뛰어난 영화다. 또한 뉴욕을 사랑한 우디 앨런이 자신이 살고 있는 도시에 대한

East 58th Street, Sutton Place

자부심과 애착, 감정과 느낌을 잘 표현한 대표적인 영화라 할 수 있겠다.

   이스트강을 배경으로 퀸스보로 다리의 야경을 바라볼 수 있는 공원. 사실 관광지로 유명하거나 많이 알려진 장소는 아니다. 이스트 사이드 Sutton Place 로컬의 운치 있고 조용한 공간이다. 영화 포스터는 아이삭과 매리가 벤치에 앉아 이스트강을 바라보며 일출을 보기까지 밤새 대화를 나누며 서로의 감정을 확인하고 더 친밀함을 느끼게 되는 장면이다. 1978년 8월 14일, 동이 트기 전 새벽 4시경 촬영되었고 뉴욕을 배경으로 한 영화 역사상 가장 인상 깊고 영화 애호가들에게 사랑을 받는, 결코 잊혀질 수 없는 아이코닉한 신이라 할 수 있겠다.

   이곳은 아이들과 산책하는 사람들뿐 아니라 연인들의 공간으로도 잘 어울리는 장소인 것 같다. 퀸스보로 다리의 불빛이 화려하면서도 은은하다. 뉴욕에 가게 되면 Sutton Place의 고즈넉한 공원 벤치에 가만히 앉아 이스트강을 배경으로 도시의 아름다운 야경을 그저 감상하기만해도 좋을 듯 하다.

"아름답지 않아요, 아이삭?"

"불빛이 하나 둘 켜지기 시작할 때가 가장 아름답죠.
세상에…. 맨해튼은 아름다운 도시에요.
누가 뭐라든 난 상관 안 해요.
아름다워서 실신할 지경이죠."

MOVIE OST
Someone to Watch Over Me - George Gershwin

여인의 향기
Scent of a Woman, 1993

 난 지금도 인생의 갈림길에 서 있어요.
난 언제나 바른길을 알았어요. 하지만 그 길을 뿌리쳤어요.
왜냐면 그 길은 너무 어려워서죠!

　명문 고등학교에 재학 중인 찰리 심스(크리스 오도넬)는 추수감사절 연휴 동안 아르바이트 자리를 구한다. 바로 퇴역한 맹인 장군 프랭크 슬레이드(알 파치노)를 보호하는 일이다. 프랭크는 뉴욕의 최고급 호텔에서 돈을 물 쓰듯 쓰며 며칠을 보내고, 떨어져 사는 친형을 갑작스럽게 찾아가 놀라게 한 다음, 아름다운 여자와 하룻밤을 지내고 감쪽같이 자살해버리는 것을 계획한다. 이런 프랭크의 계획을 저지하기 위해 애쓰던 찰리는 시간이 지나면서 그의 괴팍한 성격이 외로움에서 비롯된 것이라는 사실을 깨닫고 인간적인 사랑을 느낀다.
　프랭크 또한 성실하고 건강한 찰리와 대립하면서 자살에 대한 유혹을 점점 극복하게 된다. 시력을 잃은 후 삶의 의미를 동시에 상실해버린 프랭크에게 있어 유일한 기쁨은 여자의 향기를 맡는 일이며, 그때마다 프랭크는 자신이 살아있다는 사실을 느낀다. 이 영화는 아카데미 남우주연상, 골든 글로브 남우주연상, 골든 글로브 작품상, 드라마 부문, 골든 글로브 각본상을 수상했다. 특히 괴팍하지만 시적이며 철학

Pierre Hotel, 5th Avenue & East 61st Street

적인, 진실과 사랑을 소유한 맹인 퇴역 장교 알 파치노의 연기에 찬사를 보내지 않을 수 없게 만들었던 영화라 할 수 있겠다.

    프랭크는 찰리와 오전 시간 뉴욕의 한 호텔 고급 레스토랑에 간다. 이스트 61번가 5애비뉴에 위치한 Pierre Hotel. 영화 속 프랭크가 한 여인의 향수만으로 아름다운 여인임을 감지하고 찰리에게 "여자를 안 보는 순간 죽는 거다"라며 자연스럽게 접근하여 춤을 청하는 유명한 신이 촬영된 곳이다. 도나(가브리엘 앤워)가 할머니에게서 선물 받은 오길비 시스터스(Ogilvie Sisters)비누 향기에 매혹된 프랭크와 탱고를 추는 장소로, 탱고를 잘 모른다며 조금은 두렵다는 도나에게 "스텝이 엉키면 그것이 탱고에요!"라고 명언을 남긴 알 파치노. 멋지게 여인을 리드하며 레스토랑 홀에서 탱고 실력을 뽐내는, 초점 없이 눈 한번

깜빡이지 않던 알 파치노의 연기는 그가 실제로 맹인이 아닐까 착각할 정도로 혼을 실은 연기를 보여주었다.

    도나의 탱고 신은, 매력적이고 아름다운 여인의 모습으로 이 영화의 제목처럼 '여인의 향기'에 취하지 않을 수 있는 사람이 있었을까 생각해 보게 되는 장면이었다.

> "탱고를 추는 것을 두려워할 필요 없어요.
> 인생과는 달리 탱고에는 실수가 없죠.
> 설혹 실수를 한다 해도 다시 추면 되니까
> 실수를 해서 스텝이 엉키면 그것이 탱고에요."

Pierre Hotel, 5th Avenue & East 61st Street

Plymouth Street and Washington Street, Brooklyn

찰리는 프랭크가 삶의 이유를 잃어버린 듯 무기력하게 있는 모습을 보고 페라리를 시승하러 가자고 제안한다. 신이 나서 시내를 질주하는 동안 찰리는 프랭크에게 속도를 줄이라고 부탁하지만 결국 뉴욕 경찰에게 발각되어 차를 세우게 된다. 프랭크의 노련한 말솜씨로 경찰에게

맹인이라는 사실을 들키지 않고 위기를 잘 넘어가게 되는데, 이 장소가 브루클린 Plymouth Street와 Washington Street 사이의 길이다.

페라리 시승을 마치고 호텔로 돌아온 프랭크는 찰리가 잠시 자리를 비울 때 자살을 시도한다. 찰리가 다시 발걸음을 호텔 방으로 옮길 때 목숨을 걸고 프랭크의 자살 시도를 만류한다. 늘 수줍어하고 조용한 청년이 어떻게 죽음 앞에서 그런 대범함과 용기를 낼 수 있었는지 감탄하지 않을 수 없었던 장면이다.

찰리가 용기를 낼 수 있었던 것은 프랭크의 외로운 내면 깊숙한 곳을 보았고 그를 사랑했기 때문이라 생각한다. 프랭크가 찰리에게 "내 인생은 어둠뿐이야. 내가 살아야 할 이유 한 가지만 대봐!"라며 묻자, 찰리는 두 가지 이유를 말한다. 당신보다 더 탱고를 잘 추고 페라리를 잘 모는 사람을 본 적이 없다고.

Park Avenue and East 54th Street

우리는 말 한마디가 얼마나 큰 힘을 발휘하는지 잘 깨닫지 못하고 살아가기도 한다. 잠언에서도 "죽고 사는 것이 혀의 권세에 있다"라고 기록된 바 있을 만큼 우리의 혀는 힘을 발휘하여 사람을 죽이기도 살리기도 할 수 있는 놀라운 능력인 것이다.

프랭크가 인생을 포기하지 않은 것은, 자신을 위해 목숨까지 내놓은 충실하고 소중한 벗을 얻은 것, 그것이 프랭크에게 삶의 큰 이유가 된 것이 아닐까 생각한다. 찰리와 같이 그토록 위험한 순간에도 자신을 희생하며 끝까지 지켜주려 했던 단 한 명의 진실되고 충실한 벗….

영화 속 프랭크 대사처럼, 사람은 두 종류가 있다. 어려운 일이 닥치면 피하는 사람과 맞서 싸우는 사람. 자신에게 위기가 닥쳤을 때 누군 달아나고 누군 남는다.

철이 철을 날카롭게 하듯, 함께할수록 서로의 얼굴을 더욱 빛나게 해주는 친구를 얻는 것은 얼마나 멋지고 아름다운 것인가…. 자살 시도를 했던 호텔 인근 거리를 두 남자가 함께 걷는 신이 촬영된 곳은 이스트 54번가 파크 애비뉴이다.

"인생? 무슨 인생? 나에게는 어둠뿐이란 말이야!
내가 살아야 할 이유를 하나만 대봐!"

"당신처럼 멋지게 탱고를 출 수 있고
스포츠카를 잘 모는 사람은 본 일이 없단 말이에요!"

MOVIE OST
Por Una Cabeza - The Tango Project

원스 어폰 어 타임 인 아메리카
Once Upon a Time in America, 1984

 *출발선에서는 누구나 우승자 같은 기분이지.
하지만 출발선을 떠나면 승패는 가려져.*

〈원스 어폰 어 타임 인 아메리카〉는 세르조 레오네 감독의 최고 걸작이자 마지막 영화이다. 1984년에 개봉되었으며, 로버트 드 니로, 제임스 우즈 등이 주연을 맡았다. 맨해튼 로어이스트 사이드에 위치한 유대인 빈민가를 배경으로 주로 촬영하였다. 1968년 데이비드 누들스 아론슨(로버트 드 니로)이 뉴욕으로 돌아오고, 주인공들이 오랜 세월 끝에 범죄 조직의 우두머리가 되는 과정을 통해, 우정, 사랑, 그리고 배신을 묘사한 영화. 유대계 미국인 갱스터들의 우정과 아메리칸 드림을 그린 작품으로 전체적인 구성은 소년기-청년기-노년기로 1910년-1930년-1960년대를 배경으로 구성되었다.

Manhattan Bridge, Brooklyn Dumbo

　브루클린 덤보는 뉴욕의 한 지구로, 맨해튼교와 브루클린교 사이에 위치하고 있다. 덤보는 Down Under the Manhattan Bridge Overpass의 약자. 무한 도전 '갱스 오브 뉴욕' 편에도 한 번 등장한 곳이기도 하다. 맨해튼교 사이로 보이는 엠파이어 스테이트 빌딩이 포인트! 이 배경으로 사진 찍는 관광객들의 모습을 늘 보게 되는데 날씨가 맑을 때 엠파이어 스테이트 빌딩의 모습이 뚜렷하게 보이는 사진을 찍을 수 있다. 브루클린 덤보 주변에 맨해튼 전경이 보이는 이스트 강변 산책로가 있다. 이곳에서 맨해튼으로 건너갈 수 있는 water taxi 또한 이용 가능하다.

The River Cafe, 1 Water Street, Brooklyn

    덤보 지역에 유명한 그리말디스 피자집이 있고 여러 레스토랑, 카페 바에서 라이브 공연도 즐길 수 있는데 특히 The River Cafe와 Brooklyn Ice Cream Factory가 유명하다. 아이스크림 팩토리는 월요일-일요일 오후 12시부터 밤 10시까지 운영하고 현금만 받는다고 하니 참고하자.
    The River Cafe. Michael O'Keeffe(Buzzy라고 불린다)가 운영하는 카페. 리버 카페는 뉴욕에서 멋진 추억을 만들기에 부족함이 없는 곳이다.

이스트강 너머 맨해튼 도시 풍경을 바라보며 여유로운 시간을 즐겨보자. 도시의 풍경과 이스트강이 하나의 화폭에 담긴 듯 아름답게 어우러진다. 오후 4시 이후부터 메인 다이닝 룸과 바에서는 드레스 코드가 요구된다. 남성들은 셔츠와 타이를 한 정장 차림, 여성들은 드레스를 입어야 한다. 한국 여성들이 즐겨입는 심플한 원피스 정도면 괜찮다. 이곳에서 디너를 원한다면 예약을 하고 드레스 코드를 맞춰야 입장할 수 있다.

　메뉴는 브런치, 런치, 디너가 모두 제공되고, 가볍게 드링크와 스낵만 즐길 수 있는 테라스 룸도 있으니 참고하면 좋겠다. 브런치와 런치는 캐주얼 차림으로 가능하지만 Not too casual!

비 오는 오후 리버 카페

아 뉴욕, 뉴욕

Brooklyn Ice Cream Factory

　브루클린 아이스크림 팩토리(Brooklyn Ice Cream Factory)는 뉴욕 브루클린 풀턴페리 부두에 위치한 아이스크림 집이다. 소방선 하우스를 가게로 바꾼 것이며, 창문으로는 덤보의 모습이 보인다. 2001년 9·11테러가 일어난지 얼마 지나지 않아서 마크 톰프슨에 의해 문을 열었다. 톰 프슨은 펜실베이니아 주에 위치한 가족이 운영하는 마토니스(Martoni's)에서 아이스크림 만드는 기술을 배웠다고 한다. 모든 아이스크림과 핫퍼지는 신선하고 달걀을 사용하지 않아 유지방 함량이 적다는 것이 특징이다. 초콜릿, 바닐라 등과 같은 8개의 아이스크림 메뉴가 있으며, 방부제가 함유되어 있지 않아 더욱 인기다.

　영화 속 드보라의 소녀 시절. 어린 나이지만 경이로울 만큼 아름다운 모습이다. 어려서부터 예술가의 꿈을 키워오던 드보라가 댄스 연습하는 모습을 누들스가 몰래 훔쳐보던 때를 회상하는 장면에서 울컥했다. 로버트 드 니로의 눈빛 연기. 소년기를 회상하는 그의 깊은 눈빛.

　이 영화는 엔니오 모리코네를 제외하고 이야기할 수 없을 만큼 중요하다. 엔니오 모리코네의 Deborah's Theme은 애절함을 표현한 선율이 실로 위대하다 하지 않을 수 없을 것 같다.

MOVIE OST
Once Upon a Time in America, Deborah's Theme - Ennio Morricone

해리가 샐리를 만났을 때
When Harry Met Sally, 1989

더운 날씨에도 감기에 걸리고,
샌드위치 하나 주문하는 데 한 시간도 더 걸리는 널 사랑해.
날 바보 취급하며 쳐다볼 때 콧가에 작은 주름이 생기는 네 모습과,
너와 헤어져서 돌아올 때 내 옷에 묻은 네 향수 냄새를 사랑해.
내가 잠들기 전에 마지막으로 이야기하고 싶은 사람이 바로 너이기에,
널 사랑해.

로브 라이너(Rob Reiner)에 의해 연출되고 노라 에프론(Nora Ephron) 작가의 대표작 중 하나로 1989년 개봉된 미국의 로맨틱 코미디 영화. 주연은 해리(빌리 크리스탈), 샐리(맥 라이언)이다. 해리와 샐리는 처음 만나 18시간이나 걸리는 자동차 여행을 하면서 끊임없는 말다툼을 벌인다.

낙천적인 샐리는 남자와 여자가 서로 친구가 될 수 있다고 주장하지만, 비관주의자인 해리는 남녀 사이는 섹스가 방해하기 때문에 친구가 될 수 없다고 말한다. 시카고 대학교에서 뉴욕으로 가려는 해리와 샐리가 같은 차를 타고 운전을 하면서 처음 만나 티격태격하는 친구 사이로 12년을 보낸 후 서로에 대한 진정한 사랑을 느끼고 결혼한다는 줄거리이다.

'남자와 여자 사이가 친구일 수 있을까?' 〈해리가 샐리를 만났을 때〉는 전 세계적으로 흥행에 성공하였으며, 이후 로맨틱 코미디 장르의 대명사가 되었다. 우정과 사랑에 대한 해리와 샐리의 애틋한 이야기는 부드럽고 은은한 재즈 음악으로 영화의 완성도를 더욱 완벽하게 만든다.

Metropolitan Museum of Art,
1000 5th Avenue and East 82nd Street

메트로폴리탄 미술 박물관. The Met이라고 불린다. 맨해튼 어퍼 이스트에 위치한 세계적인 미술관이다. 최근 방문자 수는 7.06백만 명으로 세계에서 두 번째로 많이 방문한 미술관이다. 1866년에 파리에서 미국 독립기념일을 축하하기 위해 모인 미국인들의 회합에서 설립이 제안되어, 1870년에 소규모로 개관하였고 1880년에 지금의 자리 (1000 Fifth Avenue. New York, New York 10028)로 이전하였다. 기금을 통한 구입과 기증 등으로 소장 미술품은 급증하게 되었고 지금은 회화와 조각, 사진, 공예품 등 300여만 점을 소장하고 있다.

메트로폴리탄 미술 박물관의 특색은 그 소장 유물의 폭이 동서고금과 시대를 막론한다는 것과 이러한 미술관이 국가나 정부 기관의 주도가 아닌 순수하게 민간이 주도하여 설립되었다는 점이다. 박물관 입장료는 도네이션으로 운영되고 있다. 권장 입장료는 티켓을 받는 데스크에 가보면 표시되어 있으므로 적은 금액이라도 기부 한다면 더 기분 좋은 관람이 될 수 있다.

박물관 감상 후 꼭 루프탑으로 가보자! 맨해튼과 센트럴파크를 한눈에 바라볼 수 있다. 시원한 바람도 느끼고 코너에 자리한 스탠드에서 드링크도!

영화 속 해리와 샐리가 박물관 이집트 관에서 서로 마주보며 우스운 영어 악센트를 흉내 내며 이야기를 나누는 장면이 있다.

205 East Houston Street and Ludlow Street

    Katz's Delicatessen. 심플하게 Katz's Deli라고도 알려져 있다. 유대인 Kosher 스타일의 델리카트슨으로 로어이스트 사이드 맨해튼에 위치한다. Kosher Delicatessen이란, 유대의 율법에 따른 정결한 조제 식품이란 뜻이다. 이렇게 조제 식품을 판매하는 가게로 1888년부터 운영되었고, 영화 속 샐리가 오르가즘을 흉내 낸 신이 촬영되면서 신속히 유명해져서 이제는 줄을 서지 않고는 이곳 샌드위치를 맛볼 수 없게 되었다.

    이 장면은 맥 라이언의 경이로운 연기로 많은 찬사를 받았다. 한 가지 재미있었던 것은, 이 모든 광경을 지켜보고 있던 옆 테이블의 커스터머(에스텔 라이너)가 웨이터에게 "저 여인이 주문한 샌드위치를 저에게도 주세요"라며 주문한 것이다. 샐리가 주문한 샌드위치 맛이 훌륭해서 기절할 듯 소리를 질렀던 것으로 보였기 때문이다. 그리고 그녀가 이 신에서 남긴 명대사가 있다. The New York Times에서 에스텔 라이너가 연기한 장면에 대한 기사가 실렸다.

    "I'll have what she's having!"

Loeb Boathouse, Central Park, btw 74th and 75th Street

The Loeb Boathouse. 센트럴파크에서 가장 유명한 곳 중 하나로 아이콘이라 불리는 곳이다. 1874년경, Calvert Vaux라는 디자이너에 의해 설계되었고 센트럴파크 동쪽, 호수의 가장 끝에 자리를 했다. 현재 보트하우스는 1954년에 자리를 잡게 되었는데 은행투자자 Carl Loeb으로부터 많은 재정적 후원을 받았다고 한다. 그래서 이름이 The Loeb Boathouse인가 보다.

한 폭의 수채화처럼 아름다운 풍경. 푸른 나뭇가지들이 바람에 일렁이는 모습, 그 사이로 햇살이 스며들고 잔잔한 호숫가에서 이 모든 풍경을 그저 마음과 가슴에 담아보니 감미로운 음악 소리가 내 귓가에 들려 오는 듯했다.

보트하우스 Lakeside Restaurant 호숫가 테이블을 원한다면 주말이 아니더라도 꼭 미리 예약하자.

West 77th Street and Central Park West

    뉴욕의 아름다움과 매력을 표현하기에 가장 적합한 음악 장르는 바로 재즈일 것이다. 이 신에서 해리와 샐리가 뉴욕의 가을을 함께 걷는다. 뉴욕의 가을 풍경 하나만으로 아름답게 연출된 장소. 단풍이 울긋불긋 물든 길을 함께 거닐며 대화를 나누는 장면에서 해리 코닉 주니어가 연주하는 「Autumn in New York」이 배경 음악으로 흐른다. 이렇게 재즈 리듬이 영화 전체 흐름에 중요한 역할을 한 영화도 아마 흔하지 않을 것 같다.

    영화 속 해리와 샐리가 걷고 있던 77번가 센트럴파크 웨스트 사이드 공원을 산책하며 이 장면의 배경음악 「Autumn in New York」도 함께 감상해보자. 뉴욕의 가을이 깊어 단풍이 절정을 이룰 무렵 가을 향 가득한 풍경으로 산책해 보면 더욱 좋겠다.

영화 속 뉴욕 산책.

영화 〈맨해튼〉 우디 앨런의 대사처럼,

너무 아름다워서 실신할 지경이 될지도 모르겠다.

MOVIE OST
Autumn in New York - Harry Connick, Jr

위대한 유산
Great Expectations, 1998

부에 대한 갈망과 내 모든 동경은 그날 이후 시작됐다.
부와 자유와 에스텔라.
내게 허락되지 않은 것들.

19세기 영국을 대표하는 소설가 찰스 디킨스(Charles Dickens)의 고전 소설을 기반으로 한 영화. 남자다운 청년의 잊을 수 없는 관용적인 스토리이며, 그의 인생을 영원히 바꿀 것임이 틀림없는 세 명의 인물이 등장한다. 〈위대한 유산〉은 이 생생한 캐릭터의 놀라운 상호 작용을 통해 삶의 위대한 우연을 매우 독특하고 현대적으로 보여준 영화로 영국 아카데미 영화상, 의상상, ALMA 어워드, 장편영화 부문 최우수 라티노 감독상을 수상하였다.

Tompkins Square Park, East 7th Street and Avenue A

 Tompkins Square Park. 10.5 acre(42,000㎡)규모의 국립공원으로 맨해튼 이스트 빌리지의 알파벳 글자 섹션으로 나누어진 거리에 위치하고 있다. 영화 속 핍에게 에스텔라가 갑작스럽게 다가가 키스하며 재회하는 신이 촬영된 곳이다. 핍 앞에 장난처럼 등장한 에스텔라와 10년 만의 재회. 오랜 시간이 흘렀지만 핍은 이 순간이 어색하지

않았을 것이다. 늘 에스텔라를 그리워하며 오랜 시간 기다려왔기 때문이 아닐까.

픕과 에스텔라가 재회하는 신이 촬영된 Tompkins Square 공원을 6월 한 화창한 날에 찾았다. 공원은 밝은 햇살 속 온통 푸른 빛깔로 아름다운 조화를 이루었다.

"있는 듯 없는 듯한 사물의 법칙 어린 시절 느꼈던 색깔들.
검게 탄 발목을 간지럽히던 바닷물.
노랗기도 빨갛기도 했던 그 빛깔은
기억하는 모습에 따라 다른 색을 띤다.
이제 사실 그대로가 아닌 내가 기억하는 대로의
이야기를 시작하겠다."

Surrogates Court, 31 Chambers Street and Centre Street

   한 여인을 향한 남자의 사랑이 느껴지는 신이다. 핍이 퍼붓는 소나기도 개의치 않고 영화가 촬영된 장소 Surrogate Court를 나와 에스텔라를 찾아 거리를 정신없이 헤매는 장면. 사랑하는 여인을 보면 주위의 그 어떤 시선도 중요치 않은 듯하다. 비에 흠뻑 젖어 에스텔라를 애타게 찾아 헤매던 핍이 결국 그녀를 만나게 되어 소나기가 쏟아지는 거리에서 포옹하며 키스하는 신이다.

   Patrick Doyle의「Kissing in the rain」이 배경 음악으로 흐른다. 심장박동 소리가 급하게 뛰는 듯 들려오는 리듬에 에스텔라를 향한 핍의 마음이 느껴지는 듯했다.

2 East 79th Street and 5th Avenue

"내가 해냈어. 해냈다고! 대 성공이야.
내 그림을 모두 팔았어!
이젠 떳떳하게 만날 수 있어. 난 부자니까!
원한 게 이거 아니야? 이젠 만족해?
지금까지 이 모든 건 다 너를 위해서였어.
내게 소중한 건 너 하나뿐이야!"

뉴욕에서 전시회를 개최해 주겠다는 익명의 후원자 덕분에 핍이 성공한 화가로서 에스텔라 집 앞에서 고백하는 장면이 촬영된 곳이다. 그의 뜨거운 열정은 모두 한 여인을 향한 사랑 때문이었다. 모든 것을 이루고 성공했다 한들, 함께할 수 있는 사람이 곁에 없다면 무슨 소용일까. 핍은 그동안 자신이 노력했던 모든 것은 에스텔라를 위한 것이었다며 당당하게 외친다.

　남자가 여자를 사랑할 때. 그토록 위대한 힘을 발휘하게 되는 것. 사랑은 참으로 위대한 힘을 발휘한다. 그 이유는 하느님께서 그분의 형상대로 인간을 창조하셨고, 인간에게 사랑이라는 커다란 심장을 심어 주셨기 때문일 것이다.

　인생은 사랑 그 자체인 것을. 사랑이 없는 삶을 살아가는 것은 모두 헛되다고 생각한다. 그리고 사랑이란, 모든 아픔과 상처를 이겨내고 결국 위대한 일을 가능하게 만드는 것이라 믿는다.

상류층 삶을 사는 여인으로 핍에게 냉정하고 거침없이 상처를 주던 에스텔라였지만 핍은 그녀를 끝까지 사랑한다. 어린 시절부터, 동경할 수밖에 없는 에스텔라를 감히 사랑하면서도 결코 차지할 수 없었던 자신의 신분과 처지에 수치심을 느꼈지만, 익명의 후원가로 인해 화가로 대성공하게 되면서 위대한 유산을 물려받아 결국 사랑까지 이룬다는 스토리. 결국 착한 남자가 아름다운 여인의 마음을 얻고 부와 명예 또한 누리며 행복하게 살게 된다는 예쁜 동화 속 이야기 같았다.

> *"처음 본 순간부터 알고 있었다.*
> *그 나머진 중요하지 않다.*
> *모두 지나간 과거일 뿐.*
> *애초에 존재하고 있지 않을지도 모른다.*
> *오로지 내 가슴 속에 남아 있을 뿐."*

MOVIE OST
Kissing in the Rain - Patrick Doyle

대부 III
The God Father III, 1990

 *강직함은 적을 많이 만드는 길이야. 힘드시겠군.
너의 적들을 미워하지 마라. 너의 판단력이 흐려진다.*

〈대부 2〉가 끝난 20년 후인 1979년. 이제 60대의 노인이 되어버린 마이클(알 파치노)은 그의 가족이 마피아에서 빠져 나오기를 바랐고 거대해진 패밀리의 강력한 자금력으로 합법적인 사업을 하려고 한다. 그는 바티칸 은행의 책임을 맡고 있는 대주교와 거래하면서 합법적인 사업을 행할 수 있었다. 마이클은 자신이 사랑하는 딸 매리(소피아 코폴라)가 콜레오네 재단을 운영하도록 하여 집안의 어두운 과거를 자식들에게 물려주고 싶지 않아 했지만, 안타깝게도 그의 계획을 방해하는 거대한 조직의 음모가 도사리고 있었고 합법적인 일을 열망하는 마이클의 계획은 계속 악화되기만 한다.

아들 안소니가 오페라에 데뷔하는 날 밤. 콜레오네 패밀리의 암살자들이 적들을 차례로 처치하는데, 그들도 마이클에게 저격수를 보냈고, 그 총에 매리가 쓰러진다. 절규하는 마이클 콜레오네. 그는 허무로 끝나버린 과거지사들을 회상하며 쓸쓸히 숨을 거둔다.

Corleone's Apartment, 956 5th Avenue and East 77th Street

늘 뉴욕 상류층을 대표하는 신의 촬영지가 되는 어퍼이스트 사이드 맨해튼. 실제로 맨해튼에서 부유층이 거주하고 있는 곳이기도 하다. 알 파치노가 사랑하는 딸과 춤추는 장면을 촬영한 아파트인데, 상류층 사회의 생활과 파티 문화를 보여주는 장면을 촬영할 때면 언제나 맨해튼 어퍼이스트 사이드의 아파트가 등장한다.

Bar, 176 Mulberry Street and Broome Street

이탈리아 이민자와 갱스터들의 초기 정착 지역이었던 Little Italy는 1930년대 이후 차이나타운의 확장으로 인해 맨해튼에서 모트 스트리트 일부와 멀베리 스트리트 세 블록만 유지하고 있다. 돈 콜레오네가 라이벌 조직의 총을 맞고 쓰러지던 과일 가게 자리는 지금 레스토랑으로 변해 관광객을 맞고 있다. 이탈리아 지명의 카페 레스토랑들이 눈에 띄고 노상에 테이블을 차린 파라솔 아래는 휴가 온 듯한 손님들로 가득하다.

실제로 뉴욕에서 거주하는 이태리 사람들로 보인다. 젊음의 거리로 어울리는 듯하면서도 여유 있게 가족 모두가 길거리로 나와 산책하며 노천카페에서 식사를 즐기고 맥주를 마시는 풍경이 흔하다. 일상을 여행처럼 사는 이들, 멋지다! 지금은 연간 400만의 관광객이 다녀가는 관광명소가 되어 로컬 뉴요커들과 관광객이 함께 어울리는 모습을 볼 수 있다. 멀베리 스트리트를 따라 식당가를 세 블록 가면 이곳에서 가장 오래된 멀베리 스트리트 바 비어홀을 방문할 수 있다. 1906년에 오픈한 이 비어홀 내부에는 레이건 대통령 등 이 집을 방문한 명사들의 사진이 걸려 있는 것을 볼 수 있다.

Caffe Reggio, 119 MacDougal Street

    카페레지오. 〈대부 2〉의 촬영지인 카페. 리틀 이태리와 매우 근접한 그리니치 빌리지에 위치하고 1927년 미국 최초로 카푸치노를 판매하기 시작한 히스토릭한 집이라 할 수 있다. The First Capuccino in America! 아직도 맨해튼에서 예술가들이 가장 선호하는 지역이 그리니치 빌리지가 아닐까 한다. 아기자기한 샵들이 즐비하고, 소규모 갤러리들, 재즈 라이브 비 카페 등. 이 거리를 지날 때마다 지나치게 화려하지 않으면서도 열정적이고 에너지가 넘쳐 이 도시가 진정 살아 쉬

고 있음을 느낀다. 그리니치 빌리지 거리를 산책하고 워싱턴 스퀘어 파크에서 잠시 쉬어 가다 찾은 카페레지오의 오리지널 카푸치노, 이야기가 참 좋았다.

MOVIE OST
Promise Me You'll Remember - Harry Connick, Jr

어거스트 러쉬
August Rush, 2007

 세상은 바람이 만들어 내는 수백만 개의 선율로 가득해.

매력적인 밴드 싱어이자 기타리스트인 루이스(조나단 리스 마이어스)와 촉망 받는 첼리스트인 라일라(케리 러셀)는 우연히 파티에서 만나 첫눈에 서로에게 빠져들고, 그날 밤을 함께 보내게 된다. 뉴욕에서 우연히 만나 서로에게 강력하게 끌리지만 라일라 아버지의 반대로 둘은 헤어지게 되고, 얼마 후 라일라는 임신 사실을 알게 된다. 그녀는 아버지의 반대에도 아기를 출산하지만 아버지는 그녀에게 아이가 유산되었다고 거짓말을 한다. 루이스와 라일라 사이에서 태어난 아들이 바로 천재 소년 어거스트(프레디 하이모어). 어거스트는 놀라운 음악적 재능을 가진 특별한 아이로 자라는데, 부모만이 자신의 음악을 알아볼 수 있을 거라는 믿음으로 혼자 뉴욕으로 향한다. 우연히 낯선 남자 위저드(로빈 윌리엄스)를 만난 어거스트는 위저드로 인해 길거리에서 자신만의 천재적인 연주를 펼쳐 보이기 시작한다.

이별 후 첼리스트의 길을 포기했던 라일라는 아이가 살아있다는 사실을 알고 뉴욕으로 향한다. 그리고 그곳에서 아이를 찾겠다는 희망으로 다시 첼로 연주를 시작하는데, 밴드 싱어로서의 삶을 버렸던 루이스 또한 2년 전의 사랑과 음악의 열정을 좇아 뉴욕으로 떠나면서 센트럴파크에서 모두 재회한다.

Washington Square Park, Greenwich Village

    음악으로 서로에게 마음이 끌린 루이스와 라일라가 만난 장소는 워싱턴 스퀘어 파크. 뉴욕 1,700개 공원 중 가장 잘 알려진 시민 공원으로 1826년 조성되었다. 이전에는 공동묘지였으나 현재는 많은 시민들이 모여 여가를 즐기는 곳이자, 문화 공연이 진행되는 장소다. 공원 내부에는 대규모의 분수와 워싱턴 스퀘어 아치(Washington Square Arch)가 있다. 대리석으로 만들어진 워싱턴 스퀘어 아치는 스탠포드 화이트(Stanford White Arch)에 의해 설계되었다. 조지 워싱턴 대통령의 취임 100주년을 기념하기 위해 1889년에 처음 만들어진 것이라고 한다.

    NYU와 그리니치 빌리지에 위치한 이곳은 학생들과 뉴요커들에게 안락한 쉼터가 되는 곳이기도 하다. 어느 한여름 이른 밤, 이 공원에 산책을 나갔는데 아치 사이의 그랜드피아노가 눈에 띄었다. 다가가서 보니 프로페셔널 피아니스트가 쇼팽의 곡을 연주하고 있었다. 늘 흥겨운 재즈 음악으로 공원 분위기를 띄워주던 느낌과 달리 차분하고 아름다운 시와 같은 쇼팽의 멜로디로, 뉴욕 롱아일랜드 출신 월트 휘트먼

의 '풀잎(Leaves of Grass)'이라는 시 한 편이 생각나는 밤이었다. 이 날 내 마음속에 쇼팽,시, 그리고 낭만.

땅과 태양과 동물들을 사랑하라.
사람들에게 참고 너그럽게 대하라.
산과 들에 있는 이 나뭇잎들을 음미하라….
-월트 휘트먼, '풀잎'

Sheep Meadow, Central Park, btw 66th and 69th Street

　영화에 촬영된 장소는 Sheep Meadow, Central Park. 늘 다양한 공연이 열리는 곳으로 어거스트가 부모를 음악적 교감으로 만나게 되는…. 이 영화를 보았다면 누구나 마지막 장면이 정말 인상 깊었을 것이다. 나 또한 소름 돋도록 몰입했던 클라이맥스 신이다.

뉴욕 필하모닉 오케스트라 공연이 열리는 장소 Great Lawn을 꼭 소개하고 싶다. 서쪽 방향으로 81번가와 86번가, 동쪽 방향은 79번가 혹은 85번가에 입구가 있다. 뉴욕 필하모닉 오케스트라 공연이 매해 6월에 열리곤 한다.

뉴욕 출장 중에 센트럴파크의 뉴욕 필하모닉 오케스트라 공연을 놓치지 않기 위해 숨 가쁘게 달려갔던 기억이 있다. 꼭 거친 숲속을 지나야만 잘 정돈된 아름다운 정원을 찾을 수 있을 것 같은 느낌이었다.

조금이라도 빨리 도착해서 좋은 자리를 차지하기 위해 마음이 더 급했던 거겠지. 간단한 드링크와 스낵을 준비해서 친구와 무대 가까운 곳에 자리를 잡을 수 있었다. 지휘자 Alan Gilbert 얼굴 표정도 자세히 볼 수 있었다.

이렇듯 6월, 한여름 밤 센트럴파크에서의 콘서트는 도심 속 오아시스를 맛볼 수 있는 뉴요커들만의 특권이라 해도 과언이 아니다. 넓고 깊게 뿌리를 내린 웅장하고 푸른 나무들 사이로 울려 퍼지는 오케스트라와 여름 향기에 취해 음악을 감상할 수 있는 낭만적인 순간을 꼭 경험해보면 좋겠다. 열정 가득한 세계적인 프로뮤지션들과 한 마음으로 교감하고 감동을 느끼며 수많은 인파 속에서 힘차고 아름다운, 낭만적인 한여름 밤의 잊지 못할 추억을 만들어 보는 것은 어떨까.

그리고 어거스트가 영화 속에서 속삭이던 명대사도 떠올리며, 이 순간, 눈을 감고 그저 귀를 기울여 보자.

"음악은 우리 곁에 어디에든지 있어요.
그저 귀를 기울이기만 하면 돼요."

MOVIE OST
Someday - John Legend

아이 필 프리티
I Feel Pretty(2018)

 나로 사는 게 자랑스러워요!

 Renee Bennett(Amy Schumer)는 외모에 대한 낮은 자존감과 불안감으로 고민하는 젊은 여성. 직장 동료 메이슨과 함께 화장품 회사 Lily LeClaire의 웹사이트를 차이나타운의 지사에서 관리하면서 5번가 본사에서 일하기를 열망하고 있다. 어느 날 밤 영화 Big에서 영감을 얻은 Renee는 분수대에서 아름답게 해달라고 소원을 빌지만, 물론 아무 일도 일어나지 않는다. 다음 날, Renee는 헬스센터에서 SoulCycle 자전거에서 떨어져 머리를 다치고 의식을 잃는다. 그리고 깨어났을 때, 그녀는 실제로 변하지 않았지만, 자신이 놀랍도록 아름답다고 믿게 된다.

Bond Street, btw Lafayette Street and Broadway

"사람들은 대부분 자신에 대한 확신이 없어요.
자신의 부정적인 면에 너무 집착해서
근사한 점들을 놓쳐 버리거든요.
당신은 당신을 잘 알고
세상의 시선은 신경 쓰지 않아요."

Office, 1095 6th Avenue,
btw West 42nd and 43rd Streets

Andy's Cleaners, 1679 Washington Street and Worcester Street, Boston

외모는 그대로인데 자신감과 자존감으로 인해 사람들에게 사랑받기 시작한 르네. 자신감 넘치고 당당한 모습에 진심으로 자신을 사랑해주는 남자친구도 만나고 회사 대표에게도 인정을 받게 되어 개인적인 저녁 식사 자리에도 초대받는다. 그리고 자신의 믿음에 따라 사람들은 자신을 바라봐주었다는 것을 깨닫는다.

남자친구를 세탁소에서 처음 만나는 신이 촬영된 장소.

심리학 용어 중에 '피그말리온 효과(Pygmalion effect)'라는 것이 있다. 다른 사람에 대해 기대하거나 예측하는 바가 그대로 실현되는 경우를 일컫는다고 한다. 타인이 나를 어떻게 볼지 긍정적인 생각을 해보자. 분명, 다른 사람들이 나를 봐주기를 원하는 그 기대만큼 피그말리온 효과를 볼 수 있을 것이다.

자신의 모습을 사랑하고,
나 있는 그대로를 사랑하라는 것.
우리 모두는 각자 다른 아름다운 무엇인가를 품고 있다는 것.
그리고 진정한 매력은,
타인의 시선과 평가가 아닌,
내가 생각하는 자신감에서 비롯된다는 것.

사회가 정한 미의 기준에 갇혀 있는 사람들에게 자신을 찾고 스스로 사랑하라는 위로의 메시지를 담고 있는 영화인 듯하다.

Movie OST
Me Too, Meghan Trainor

인턴
The Intern, 2015

 살면서 누구를 만나느냐에 따라 인생이 달라질 수 있어.
파리를 쫓아가면 뒷간에 도착하고,
나비를 쫓아가면 꽃밭을 거닐 게 돼.

    작은 회사 창업을 시작한, 일년 반 만에 220명의 직원을 둔 패션업의 CEO 줄스 오스틴(앤 해서웨이). 이미 퇴직한 후 70세의 벤 휘태커(로버트 드 니로)는 온라인 패션 사이트에서 수석 인턴이 될 수 있는 기회를 잡았다. 벤은 곧 회사의 창시자이자 창업자인 줄스를 포함하여 젊은 동료들에게 인기를 얻는다. 벤의 매력, 지혜 및 유머 감각은 줄스와 특별한 유대 관계와 우정을 키운다. 뜨거운 열정으로 단기간에 회사를 키워낸 30대 CEO 여성과 배우자와의 사별, 은퇴를 겪고 공허한 일상을 보내다가 새내기로 입사한 70세 남성 인턴이 만들어가는 친구 관계를 통해 따듯하고 위안을 주는 이야기.

Office, Barretto Street, (btw Lafayette Avenue &Garrison Avenue) Bronx

실제로 촬영된 회사 건물은 Bronx에 위치한 은행권 건물이다.

스티브 잡스, 마크 저커버그와 같은 세계 최고 CEO는 인문학에서 답을 찾는다고 한다. 사업은 사람을 대상으로 하고, 그 사업 역시 사람이 하는 것이기 때문이다. 줄스는 그 사실을 누구보다도 잘 아는 젊은 여성 CEO인 듯했다.

Wall Street Plaza, 88 Pine Street (btw Wall Street and Maiden Lane)

벤이 줄스의 운전기사로 미팅 장소까지 데려다주면서 이야기를 나누는 장면이 촬영된 장소. 건물 앞 약속 장소에 도착하자 줄스는 만약 미팅이 길어진다면 벤에게 먼저 가도 된다고 하자 벤은 말한다.

"걱정하지 말아요. 기다릴게요."

Toby's Estate Coffee, 125 N 6th Street and Berry Street, Brooklyn

    미팅 전 긴장하는 모습을 보이는 줄스에게 아버지 같은 부드러운 미소로 말하는 벤의 모습에 마음이 포근해지는 신이었다. 사랑은, 거창한 말이나 행동으로 꼭 표현되어야 하는 것은 아닌 듯하다. 진심이 느껴지는 단 한마디, 따뜻한 미소가 누군가에게는 삶을 살아가는데 큰 원동력이 되어주기도 한다.

    줄스는 자신의 실수로 벤의 부서가 갑자기 옮겨진 사실을 뒤늦게 알고 성급하게 벤을 찾고, 카페에서 만나는 신이 촬영된 장소.

    "사실은 벤이 곁에 있으면 마음이 편해요.
    집중도 잘되고
    저한테 도움이 돼요.
    확실히 그래요.

*그러니 제 사과를 받아들이고
다시 저와 일해주세요. 원하시면요."*

 가장 가까운 위치에서 일해 달라고 애타게 부탁하는 줄스, 그리고 자신의 실수에 후회하는 줄스의 진심 어린 모습을 보고 벤이 말한다.

 "돌아갈게요, 기꺼이."

사랑하고 일하라.
일하고 사랑하라.

Teddy's Bar &Grill, 96 Berry Street and N 8th Street, Brooklyn

    삶의 갱년기는, 나이의 문제가 아니라 열정이 식었을 때 오는 것이 아닐까. 70세가 되어도 일과 사랑에 대한 열정이 식지 않는다면, 인생의 갱년기는 평생 오지 않을 수도 있다는 메시지를 전달하는 영화인 듯하다.

    "뮤지션에게 은퇴란 없대요. 음악이 사라지면 멈출 뿐이죠.
    제 안엔 아직 음악이 남아있어요."

    회사 경영에 관련된 일 뿐만 아니라 인생에 대해서도 아버지가 사랑하는 딸을 위해 따뜻한 조언을 해주듯, 아직 인생 경험은 인턴인 30대 줄스에게 삶을 코치해주는 매력 넘치는 70대 인턴 벤. 삶의 경험이 많은 벤이 없었다면 줄스는 일과 사랑, 그리고 엄마로서의 무게감을 과연 버틸 수 있었을까. 줄스의 비서이지만, 베프가 되어준 벤은 인생의 경험으로 줄스를 위해 조언해주면서도 사장으로서 대해주는 예의도 잊지 않는다. 이런 관계라면 나이는 아무 문제가 되지 않고 인생을 더 성공적으로 살아갈 수 있게 도와줄 수 있는 든든한 벗이 될 것이다.

"경험은 나이 들지 않아요. 경험은 결코 시대에 뒤떨어지지 않거든요."

스페인의 한 소설가는 '진실한 우정은 좋은 일을 두 배로 키우고 슬픈 일도 둘로 나눈다'라고 말했다. 우정을 이어가는 가장 좋은 방법은 친구의 좋은 점을 빛내주는 것. 이런 친구를 곁에 두고 즐겁게 웃으며 사는 사람이 되자. 벤 같은 귀인을 회사에서는 자신의 측근으로, 개인적으로는 베프로 얻은 줄스는 어려움을 극복하고 일과 사랑에서 성공

Jules' Brownstone, 385 Grand Avenue and Gates Avenue, Brooklyn

할 수밖에 없는 삶을 살게 된 것이다. 이런 친구를 얻는 것은 얼마나 귀한 일인가.

우리는 진주의 순수하고 은은한 빛깔의 아름다움 뒤에 감춰진 고통스러운 탄생의 과정을 안다. 조개의 아픔을 딛고 진주가 만들어지는 과정과 같이, 아픔을 통해 사람은 더욱 아름다워지는 과정을 겪는다.

마치 조개 속에 감춰진 진주가 고통을 겪고 난 후에야 그 은은한 빛이 귀하게 세상에 발하듯이. 벤은 줄스가 어려운 과정을 이기고 진주와 같이 아름다운 빛깔로 빛나는 사람이 될 수 있게 도와준 귀한 친구인 것이다.

훌륭한 선생님의 수업을 여러 번 듣는 것보다 딱 하루만 함께 보내는 것이 더 좋다는 말이 있다. 나를 깊이 헤아려줄 수 있는 귀한 사람이 있다면 진심을 담고 다가가 보자. 단 한 번의 만남이라도 그 가치는 삶 전체에 큰 영향을 미칠 그 어떤 물질과도 비할 수 없는 위대한 것일지도 모른다.

"당신은 당신이 이룬 것에 대해 대견함만 느껴야 해요.
그것을 당신으로부터 다른 사람들이 빼앗아가려는 것만 가만히 두지 말아요."

Movie OST
Breathe Deeply Jules, Theodore Shapiro

어벤져스
The Avengers, 2012

 말투가 셰익스피어 같아,
치마 입고 설치는 건 그대 어머니가 아는가?

    최강의 슈퍼히어로들이 위기 상황에서 세상을 구하고자 거대한 전쟁을 벌이는, 어벤져스 작전! 에너지원 '큐브'를 이용한 적의 등장으로 인류가 위험에 처하자 국제평화유지기구인 실드(S.H.I.E.L.D)의 국장 닉 퓨리(사무엘 L. 잭슨)는 '어벤져스' 작전을 위해 전 세계에 흩어져 있던 슈퍼히어로들과 등장한다. 아이언맨(로버트 다우니 주니어)부터 토르(크리스 헴스워스), 헐크(마크 러팔로), 캡틴 아메리카(크리스 에반스)는 물론, 실드의 요원인 블랙 위도우(스칼릿 조핸슨), 호크 아이(제레미 레너)까지, 개성이 강한 최고의 슈퍼히어로들이 어벤져스의

101 Park Avenue and East 40th Street, Manhattan

멤버로 만난다. 이번엔 한곳에 모두 모여 어벤져스 작전으로 전투를 벌이는, 후반부 폭발적인 장면이 특히 인상적인 영화라 할 수 있겠다.

뉴욕의 촬영 장소는 파크 애비뉴와 센트럴파크인데, 맨해튼에서 촬영된 신의 경우 시각 효과를 위해 감독 제이크 모리슨은 3일 동안 공중 판을 배경 판으로 사용하여 관객이 큰 창공을 볼 수 있도록 최대한 많은 공중 작업을 수행하고, 컴퓨터 효과를 내기보다는 폭넓은 설정 샷을 제공했다고 한다. 모리슨 감독은 컴퓨터로 완전히 생성된 환경을

Pershing Square (near to Grand Central Terminal) Manhattan

만드는 기술이 발전되고 있지만, 뉴욕 촬영지만큼 시각 효과를 줄 수 있는 훌륭한 장소는 없을 것이라고 했다.

Grand Central Terminal, Park Avenue

후반부 액션 신에서 뉴욕 맨해튼에 모인 어벤져스 멤버들이 각자 활약하는 장면, 전환 없이 Long-take로 펼쳐지는 모습이 꽤 인상적이다. 영화 속 장면에서 보이는 건물은 미드타운 맨해튼 파크 애비뉴에 위치한 세계 최대의 기차역인데, 보자르 양식 건물로 파리의 오페라 빌딩 계단 양식에 따라 지어진 화려하고도 만남의 장소로 유명한 Grand Central Terminal이다.

"우리는 팀이 아냐, 시한폭탄이지."

MOVIE OST
A Promise, Alan Silvestri

조커
Joker, 2019

 　　　　　　내 죽음이 내 삶보다 가치 있기를…. 　　　　　

　　1980년대 초반 사람들을 웃기기 위해 고군분투하는 정신적으로 병든 거리 광대이자 실패한 코미디언 Arthur Fleck(Joaquin Phoenix). 매일 메이크업을 하며 코미디언을 꿈꾸는 남자. 현실에 대한 혐오와 오랫동안 잠재되어 있던 분노가 점진적으로 폭력의 어두운 세계로 서서히 들어가는 길을 연다. 약물 치료가 중단되면서 치열한 증오가 유일한 길로 보이는 그는 모두가 미쳐가는 코미디 같은 세상에서 맨정신으로는 설 자리가 없음을 깨닫게 된다.

Joker Stairs, 1150 Anderson Avenue, The Bronx

　브롱크스에 위치한 이 계단에서 아서가 춤을 추는 장면이 촬영되었다. 피닉스의 연기는 그의 정신 건강까지 염려될 정도로 엄청난 몰입감을 주었다. 영화가 개봉된 즉시 브롱크스의 촬영 장소는 사진을 찍는 포인트가 되었다. 맨해튼에서 브롱크스까지 여행자들이 발걸음을 옮기게 된 것을 보면 이 영화의 영향력이 대단하다는 것을 알 수 있다.

Near The Newark Paramount Theatre, Market Street, Newark, New Jersey

뉴저지, 뉴어크의 마켓 스트리트. 촬영시 맨해튼 미드타운의 느낌을 주기 위해 뒷 배경의 건물이 합성되었다고 한다. 이 장소에서 아서가 폐업 세일 팻말을 빼앗기고 집단 린치도 당한다. 아서는 흔하고 슬픈 광대 분장을 한다. 당시 가난한 노동자 계급의 광대의 모습인 것.

Loew's Jersey Theatre, 54 Journal Square Plaza, Jersey City, New Jersey

이것을 'hobo clown(뜨내기 노동자)' 이라고 한다. 우울한 광대가 동정심을 자아내고 폐업을 앞두고 세일을 하는 케니 뮤직숍 앞에서 팻말을 돌려 사람들을 이끌기에 어울리는.

아서가 티비에 출연하고 유명세를 타자, 학창 시절 알고 지냈던 친구들이 찾아온다. 아서는 어릴 적 자신을 무시하던 친구들에 대한 분노가 폭발해서 그만 자신의 아파트에서 친구들을 살해하게 되는데, 게리라는 친구는 그냥 보내준다. 이렇게 말하며,

"나에게 잘해준 건 너뿐이었어, 게리. 잘 가."

누군가에게 상처를 주면 엄청난 대가를 치르게 될 수도 있다는 사실을 일깨워 준 장면인 듯하다. 상처를 준 사람은 가볍게 생각할지도 모를 일이지만, 결국 부메랑이 되어 언젠가 가해자에게 돌아간다는 것. 상처받은 영혼이 그 아픔을 웃음으로 표현하며 눈은 울고 있지만, 표정은 웃고 있는 암울하고도 안타까운 정신병으로 살아가는 아서. 그

Arthur's Apartment, 1150 Anderson Avenue and West 167th Street, Bronx

의 과거가 어떠하든 그가 범죄를 저지르는 이유가 타당할까.

　상처를 주는 말을 잘하는 사람은 현재 불행하고, 또 불행하게 살아왔기 때문이라는 통계가 있다. 남을 비난하는 사람은 자신의 콤플렉스와 연결되어 있는 경우가 많다는 것. 만약 주변에 이런 사람이 있다면 어떤 말을 하는지 잘 살펴보자. 그 비난의 말속에서 그 사람의 콤플렉스를 엿볼 수 있다. 성장 배경이나 지금 처한 상황이 불행하니 나오는 말도 아프고 가시 돋쳐 있는 것이기에, 그런 사람을 만나면 마음에 담아두지 말고 넘어가라는 말도 있는 것이다.

　사랑의 종류 중에 아가페와 필리아가 있다. '아가페'는 인류에 대한 거룩하고 무조건적인 사랑, 곧 인간이 살면서 이상을 지향하듯 어느 대상에 국한되지 않고 모든 대상에게 사랑을 베푸는 것이라고 한다.

Archway Under Manhattan Bridge, Cherry Street and Pike Street, Manhattan

 '필리아'는 사랑의 대상의 호의적 교환, 즉 어떤 대상에게 끌리는 마음, 그 대상이 잘 되기를 바라는 마음, 우정과 같은 의미인데, 이것은 친구나 동료, 인간에 대한 정신적인 사랑으로 사회적 공감이나 교감을 의미한다. 단순히 순간적인 감정 수준을 넘어 인격적 친밀성을 전제로 하기 때문에 넓은 의미의 사랑이라고 할 수 있다. 우리는 사랑에 금이 가지 않기 위해 필리아로 사랑을 하지만, 만약 필리아로 되지 않는다면 아가페로 사랑하고 다시 필리아로 끌어올리면 된다. 영화 속 아서는 병자이고, 그를 비극으로 몰아간 성장 과정과 주변 인물들의 책임도 분명히 있다. 만약에 그를 진심으로, 인격적으로 존중해주고 사랑해주는 사람이 그의 주변에 단 한 사람이라도 있었다면, 그가 그

렇게 끔찍한 범죄자가 되었을까 하고 생각해보게 된 영화.

그가 단 1분이라도 행복했다면….

*"나는 태어나서 단 1분도 행복하지 않았어.
내 인생이 비극인 줄 알았는데, 코미디였어."*

MOVIE OST
Temptation Rag, Henry Lodge

월 스트리트 2
Wall Street: Money Never Sleeps, 2010

 친구는 가까이, 적은 더 가까이….

 1980년대 화려한 뉴욕의 중심 맨해튼. 그 중에서도 세계 경제를 움직이는 곳이자 성공을 꿈꾸는 남자들의 무대인 월 스트리트에서의 에피소드. 버드 폭스(찰리 쉰)는 야망이 가득한 증권 중개인으로 정상에 올라서기 위해서는 무엇이든 다 할 것이라 다짐한다. 회사 레이더인 고든 게코(마이클 더글라스)의 강력한 파워에 감탄하면서 폭스는 내부자 거래를 제공하며 게코에게 멘토링을 유도하고 돈을 향한 탐욕과 배신, 그리고 성공을 위해 서로 불편한 동맹을 맺는다. 폭스가 탐욕과 계획에 휩쓸리게 되면서 그의 결정은 마침내 그의 아버지(마틴 쉰)의 생계를 위협하기에 이른다. 이 딜레마에 직면한 폭스는 자신의 충성심에 의문을 제기한다.

Battery Park

World Financial Center, 220 Vesey Street 윈터 가든 아트리움을 가로질러 나가면 베터리파크 공원으로 이어지는데, 허드슨강을 바라보며 폭스와 게코가 이야기하는 뒷모습 장면이 이 근처 강변로에서 촬영되었다. 저 멀리 자유여신상도 보인다.

"긍정적인 사고를 가져.
대부분의 사람들은 패배하면 징징대고 포기해.
하지만 상황이 바뀌길 기다려야 해.
누구든 행운과 비운이 있는 거라고.
졌어도 도망치지 마.
아프다고 징징대지도 마.
1학년 때랑 똑같아.
울보는 왕따 당한다고."

Central Park Zoo, Central Park, E 64th Street & 5th Avenue

센트럴파크 동물원. 센트럴파크에 위치한 작은 동물원. 1860년대에 시작된 동물원으로서 뉴욕 최초의 공식 동물원이다.

5애비뉴를 따라 걷다 보면 64번가에 동물원 입구가 보인다. 어린이들에게 인기 만점인 동물원으로 펭귄, 북극곰, 원숭이 등 100여 종의 동물이 살고 있다. 주말에는 바다표범 쇼가 열리기도 한다. 애니메이션 영화 〈마다가스카〉에서 동물들이 탈출한 곳으로 나오기도 했다. 기념품점에서는 귀여운 티셔츠와 다양한 종류의 동물 인형을 판매한다.

Winter Garden Atrium. 윈터 가든 아트리움은 맨해튼 베지 스트리트에 위치한 브룩 필드 플레이스 사무실 단지에 있는 10층 유리 아치형 천장의 빌딩. 다이애나 발모리(Diana Balmori)가 디자인한 아트리움은 원래 1988년에 지어졌고 2002년에 완전히 재건되었다. 아트리움에는 다양한 식물, 나무 및 꽃과 상점이 있고 건물의 후면은 허

Winter Garden Atrium, World Financial Center, 220 Vesey Street

드슨강 앞 세계 금융 센터 광장과 노스 코브 요트 하버로 이어진다. 쇼핑도 하고 다양한 공연과 콘서트도 열린다. 내가 찾았던 날 또한 이 아트리움에서 댄스 공연 리허설이 한창 진행되고 있었다.

    이 날 가든 아트리움 밖 풍경은 그야말로 압도적이었다. 그 어떤 휴양지도 부럽지 않을 것 같았던 아름다운 풍경이 내 두 눈을 사로잡는다. 사실 아트리움만 촬영하고 내 발길을 다른 곳으로 옮길 계획이었으나 베터리파크 공원으로 이어지는 가든에 나오자마자 펼쳐진 신세계를 바라보며 아, 오늘은 해가 지도록 이곳에 남아 있어야겠다는 생각이 바로 뇌리를 스쳤고 천천히 이곳에서 여유를 실컷 만끽해 보기로 했다. 평온하고 아름다웠던 이곳. 햇살이 밝고 맑았던 여름 날 매 순간 바뀌는 하늘색 빛깔, 압도적인 풍경과 살살 불어오는 바람에 몸을 맡기고 잠시 눈을 감는다. 아, 뉴욕. 놀라운 곳이다.

허드슨강 위로 에메랄드빛 파란 하늘에 뿌려놓은 진주처럼 아름답게 빛나던 하얀 구름. 그리고 이 곳에서 여유로운 시간을 즐기는 사람들. 이 모든 풍경을 카메라에 담기도 가슴 벅차게 아름다운 날. 화창한 오후부터 해가 지기 전까지 아주 느리게, 평화로운 시간을 보낼 수 있었다. 내 옆 벤치에 앉아 커피 한 잔을 들고 나와 독서하는 청년의 모습이 보기 좋아 카메라에 담지 않을 수 없었다.

"이 나라의 상위 1%가 전체 부의 절반인 5조 달러를 소유하고 있어.
그 중 3분의 1은 고된 노동으로부터 나오지.
3분의 2는 상속과 이자에 대한 이자로부터 나와서 과부들과
멍청한 아이들에게 쌓이지.
그리고 나는 주식과 부동산으로 벌지.
나는 아무것도 만들지 않아. 소유할 뿐이야.
우리는 규칙을 만든다고. 뉴스, 전쟁, 평화, 기근, 격변,
그리고 종이 클립의 가격을 만들어.
우리는 모든 사람들이 알아채지 못하는 와중에 마술을 부리지.
자네는 우리가 민주주의 속에서 살고 있다고 생각할 정도로
순진하지는 않잖아?
여긴 자유시장이야. 자네는 그 일부이지."

MOVIE OST
Home Wall Street 2 - David Byrne and Brian Eno

유브 갓 메일
You've Got Mail, 1998

이 여자는 내가 여태껏 살아오면서 만난 제일로 사랑스러운 생물이야.
만약 그녀가 편지함만큼이나 예쁘다면
난 홀딱 뒤집어져서 결혼해버릴지도 몰라.

제임스 스튜어트와 마거릿 설리번의 고전 영화 〈길모퉁이 가게〉를 현대 로맨틱 코미디로 리메이크한 작품. '숍걸'이란 아이디를 쓰는 캐슬린(멕 라이언)과 'NY152'의 조(톰 행크스)가 인터넷에서 만나 호감을 키워가는 스토리. 캐슬린은 어머니한테 물려받은 작은 어린이 서점인 '길 모퉁이 가게'를 운영하고, 조는 그 서점 맞은편에 대형 서점 '폭스북스'를 오픈해 캐슬린의 서점을 무너뜨린 사장이다. 이 두 남녀가 이메일을 통해 서로를 알아가고 사랑을 완성해가는 과정을 그린 스토리는 당시 인터넷 연애가 화두가 될 정도의 영향을 주었다.

Cafe Lalo, 201 West 83rd Street and Amsterdam Avenue

 캐슬린과 조가 서로 전자 메일 친구로서 첫 만남을 갖게 되는 장소는 바로 카페 랄로(Cafe Lalo). 어퍼웨스트 사이드 브라운스톤 아파트 주변의 아늑하고 편안한 느낌의 로컬 빌리지 카페다. 센트럴파크와 메트로폴리탄 미술 박물관이 도보로 가능한 가까운 거리에 위치하기 때문에 뉴욕을 여행하면서 많이들 찾는 카페이기도 하다. 주말엔 로컬 뉴요커들이 브런치를 즐기기 위해 나오곤 하여 많이 붐비기도 한다. 케이크 종류가 많아서 골라 먹는 재미도 있다. 브런치는 부드러운 연어를 곁들인 뉴욕 베이글이 인기 메뉴 중 하나다. 하루는 뉴욕 브런치와 디저트로 카푸치노와 치즈 케이크를 주문했는데 옆 테이블에 자리한 일본 관광객 친구들이 뉴욕 베이글이 맛있어 보인다며 그 메뉴가 뭔지 내게 물어보고 같은 메뉴를 주문하더니 꽤 만족해하던 모습이 기억난다.

 '뉴욕 베이글 브런치'와 카푸치노. 좋다….

Gray's Papaya, 2090 Broadway, btw Amsterdam Avenue and 72nd Street

어퍼웨스트 사이드에 위치한 아주 작은 핫도그 집. 앉아서 먹을 수 있는 자리는 없고 영화 속 캐슬린과 조와 같이 서서 잠깐 간식을 즐길 수 있는 정도라 생각하면 된다. 소스와 토핑의 맛이 독특하고 촉촉하면서도 부드러운 핫도그는 뉴요커들의 입맛을 사로잡고 있다. 보기에는 핫도그 사이즈가 작고 푸짐해 보이지 않지만, 맨해튼에서 가장 핫한 핫도그 집으로 자리 잡을 만큼 독특하고 매혹적인 맛을 자랑한다. 핫도그를 주문할 때 꼭 이 집 상호에서도 알려주듯이 파파야 주스를 같이 주문하자! 핫도그와 파파야 주스 맛이 잘 어울린다.

캐슬린과 조는 창가 자리를 차지하고 있지만 실제로 공간이 부족하기 때문에 그 자리에 3~4명 정도 같이 서 있게 되는 경우가 흔하고 서로 어쩔 수 없이 몸을 부딪치기도 한다. 참 신기한 건 모두들 그 상황이 너무나 익숙해 서로 미소를 보이며 배려하고 있었다는 것이다. 뉴요커들만의 교감이라는 것이 이 작은 공간에서 어렴풋이 느껴지던 날.

옆에 서 있던 사람들과 대화도 나누며 핫도그와 파파야 주스를 맛보았던 기억이 있다.

참, 기대도 안 했던, 아무것도 아닌 듯한 이 자그마한 코너의 핫도그 집에서의 경험이 재밌는 기억으로 남았다.

"당신과 나눴던 별거 아닌 대화는 다른 사람들과 나눈 특별한 이야기들보다 더 많은 의미를 지녀요."

91st Street Garden, Riverside Park, btw West 90th & 91st Street

아…. 너무 사랑스러운 리버사이드 공원이다. The 91st Street Garden. 91번가 서쪽 끝 허드슨 강변 어퍼웨스트 사이드에 위치한 커뮤니티 가든.

Riveside Drive길은 맨해튼 West End Avenue와 연결된다. 이 길로 나오게 되면 바로 Riverside Park 공원으로 이어지는데, 이 공원은 허드슨강과 리버사이드 드라이브 사이의 6㎞ 길이의 공간으로, 72번가에서 158번가까지 이어진 강변의 대중공원이다.

센트럴파크 설계자 프레드릭 로우 옴스테드(Frederick Law

Olmsted)가 디자인하였고 그 후 여러 단계에 걸쳐 완공되었는데, 최초의 공사는 1910년에 완료되었다. 1930년대 로버트 모제스(Robert Moses)가 '웨스트 사이드 개선 프로젝트'(Westside Improvement Project)를 진행하였다. 1990년대에는 트럼프 대통령이 공원 확장을 위해 투자하였다고 한다.

공원 내에 절벽, 잔디밭, 느릅나무 숲과 핸드볼, 농구, 테니스, 배구장 그리고 산책로가 있다. 또한 그랜트 장군 묘를 비롯해 엘리노어 루즈벨트 기념비(Eleanor Roosevelt Monument), 육군 및 해군용사 기념비 (Soldiers and Sailors Monument), 여성 조각가 안나 하이야트 헌팅턴(Anna Hyatt Huntington)의 잔다르크상(Joan of Arc) 등이 있다. 이처럼 리버사이트 공원은 맨해튼 어퍼웨스트 사이드 로컬 뉴요커들의 자부심이기도 하며 대단히 아름다운 전경을 자랑하는 대규모의 허드슨 강변 산책로라 할 수 있다.

샤론의 장미 무궁화, 하비스쿠스 꽃이 화려하게 만발하고 날갯짓이 예쁜 나비들이 춤추는 공원에서 산책이 신비롭고 사랑스럽게 느껴지던 가든이었다. 꼭 가보길 권하고 싶다. Riverside Park 91번가 커뮤니티 가든은 내 머릿속에 에덴동산과 같은 낙원을 그려주었다.

캐슬린과 조는 이곳에서 만남을 약속한다. 조를 만나게 되는 순간 케슬린은 그만 왈칵 눈물을 흘리고 만다.

"그가 당신이길 간절히 바랐어요."

그리고 마지막 장면 어디선가 사랑이 꼭 이루어질 것 같은 감미로운 노래가 들려온다. 「Somewhere Over the Rainbow」. 역시 로맨틱 코미디 영화의 전형적인 해피엔딩 장면이다.

MOVIE OST
Somewhere Over The Rainbow - Harry Nilsson

뉴욕의 가을
Autumn in New York, 2000

시간도 새의 날갯짓을 멈추지 못하리.
새는 날개와 함께 깃털처럼 떨어지네.
하늘을 나는 어떤 것도, 종달새도, 그대도 덧없이 죽지 않으리.
별빛은 꽃잎처럼 부드럽네.
언덕에는 서서히 땅거미가 내리고
차곡차곡 쌓인 낙엽도 어둠으로 물드네.

뉴욕 최고 레스토랑의 경영자 윌 킨(리처드 기어)은 뉴욕이란 도시에서 모든 남자들이 꿈꾸는 롤 모델이자 모든 여성들이 흠모하는 매력적인 남성이다. 그는 그런 자신만의 매력을 이용하여 자유롭고 풍요로운 삶을 즐기며 살아가려고 한다. 항상 가벼운 관계를 원하고 진지한 사랑은 회피하는데, 그에게 인정하고 싶지 않은 과거가 있기 때문이다. 늘 가슴 한편이 무거운 그는 다른 누군가를 진실하게 받아들이지 못하는데, 어느 날 젊고 아름다운 예술대학 학생인 샬롯(위노나 라이더)을 만나게 된다.

샬롯은 어릴 때 부모를 여의고 지적이고 독립심 강한 인생을 살아야 된다는 진지한 삶의 자세와 나이답지 않은 지혜를 지닌 여성이다. 가볍고 쉬운 관계에만 익숙해 있던 윌은 샬롯의 진지하고 영원을 약속하는 사랑에 두려움을 느끼고 도망치려 하지만 샬롯이 죽어가고 있음을 알게 되면서 끝까지 그녀를 지키고자 한다. 이 영화에서 19세기 미국의 대표적 여성 시인 디킨슨의 시를 영화 속 샬롯이 읊게 되는 신이 있다. 이 때문에 더욱 뉴욕의 가을과 어울리는 가슴 시린 낭만적인 영화가 되지 않았나 싶다. 디킨슨은 순수한 성찰에 비중을 두고 독신의 삶을 외롭게 살다간 시인으로 유명하다.

Bow Bridge, Mid-Park at 74th Street, Central Park

센트럴파크에서 가장 로맨틱한 장소가 아닐 수 없다. 2012년, 150주년 기념을 맞이하였던 보우브릿지는 계절마다 새로운 느낌으로 여행 객들의 탄성을 자아낸다. 유명한 VVIP들만 살 수 있다고 하는 산레모(San Remo) 아파트 배경으로 엽서에도 많이 등장한다. 보우브릿지의 낭만적이고 아름다운 풍경을 봤을때 느꼈던 감정을 잊지 못할 것 같다.

중년의 나이임에도 불구하고 자유분방하고 구속받기를 싫어하는 바람둥이 윌은, 로맨틱한 신으로 어울릴 것 같은 이 장소에서 고작 2주 정도밖에 사귀지 않은 여인을 보기 좋게 차버린다. 윌은 늘 그렇게 여러 여자들과 진실하지 않은 관계를 가볍게 가진 후 이별을 고한다.

센트럴파크 보우브릿지는 프로포즈나 웨딩 촬영으로도 많이 찾는 곳인데, 〈뉴욕의 가을〉에서는 윌이 사귀던 여자친구에게 이별을 통보하는 장면을 촬영했다.

"내가 말하고 싶은 건, 내게 사랑을 기대하지 마.
내가 너한테 해줄 수 있는 건 이 정도뿐이야."

Will Keane's Apartment, 88 Greenwich Street and Rector Street

맨해튼에서 유명 레스토랑을 운영하고 있는 윌의 아파트.

윌의 아파트 발코니에서의 신은, 사실 가슴 아픈 장면이다. 여자를 진실하게 대하지 않고 스쳐 지나가는 가벼운 인연으로만 생각했던 윌이 샬롯을 진심으로 사랑하게 되는데, 샬롯이 심각한 병으로 죽어가고 있는 사실을 알게 되자 그녀를 살리기 위해 전국의 최고 심장 전문의를 수소문하게 된다. 샬롯은 윌이 자신을 동정하는 듯 느껴 가슴 아파한다. 하지만 윌은 "너도 살기를 원하고 있어. 그렇지 않니?"라고 샬롯을 위로한다. 샬롯 또한 윌의 진심과 그의 깊은 사랑을 받아들여 윌이 원하는 것은 수술이든 무엇이든 다 하겠다고 약속하고 이 신에서 꼭 살아서 당신 곁에 있고 싶다고 고백한다.

아파트 발코니에서 촬영된 참 가슴 시리게 아픈 신이다.

"알아, 난 형편없어. 다만, 제발 널 사랑하게 해줘. 부탁이야.
내게 기회를 줘!
왜냐면 나 정말 당신을 떠나기 싫으니까."

한 사람의 아픈 가슴을
진정시킬 수 있다면,
난 헛되이 살지 않았다.
하나의 고통 받는 삶에
안락함이 되어 줄 수 있다면,
아니, 하나의 아픔을 가라앉히고
한 마리의 추락하는 울새를 도와
다시 그의 둥지에 놓아 줄 수 있다면,
나는 헛되이 살지 않았다.
- 에밀리 디킨슨, '한 사람의 아픈 가슴을 진정시킬 수 있다면'

MOVIE OST
Elegy for Charlotte - Gabriel Yared

러브 어페어
Love Affair, 1994

 인생은 소유가 전부가 아니야.
지속해서 그것을 원하는가야.

    마이크 갬브릴(워렌 비티)은 은퇴한 풋볼 쿼터백 스타 출신. 호주 시드니로 가는 비행기 안에서 미모의 테리 맥케이(아네트 베닝)와 마주치며 그녀의 매력에 빠지는데 그들이 탑승한 비행기 엔진에 갑자기 문제가 발생해 작은 섬에 비상 착륙하게 된다. 러시안 여객선을 타고 타히티로 향하게 되면서 이 두 사람은 사랑을 느낀다. 하지만 두 사람은 서로 다른 약혼자가 있었고 그들이 느낀 사랑이 진짜인지 시험해보기 위해 뉴욕 엠파이어 스테이트 빌딩 전망대에서 3개월 후 만나기로 약속한다. 만약 나오지 않더라도 이유를 묻지 않기로 한다. 약속한 당일 마이크는 전망대에 도착한다. 마이크는 테리가 안타까운 사연으로 약속 장소에 나올 수 없었던 사실을 후에 알게 된다.

Jumeirah Essex House, 160 Central Park South

Jumirah Essex House. 맨해튼의 센트럴파크 남쪽에 위치한 고급 호텔로 1931년에 지어졌다. 5애비뉴의 세련된 상점들, 브로드웨이와 어퍼웨스트 사이드 문화를 즐기기에 매우 편리한 위치로 인기가 많다. 센트럴파크에서 바라본 호텔 붉은빛 간판이 온통 초록색 푸른 공원과 묘한 매력으로 대조를 이루는 듯했다.

Empire State Building, 350 5th Avenue and West 34th Street

　엠파이어 스테이트 빌딩은 5애비뉴와 서쪽 34번가의 교차로에 있는 102층짜리 아트 데코 고층 건물로 높이가 1,250피트(381m)나 된다. 엠파이어 스테이트 빌딩에서 가장 높은 곳인 전망대에서 테리를 기다리는 마이크의 모습이 참 안타깝게 느껴지는 장면이다. 테리가 마이크를 만나기 위해 급하게 달려오다 그만 사고가 나는 바람에 위를 올려다보기만 했을 뿐 결국 약속한 장소에 도착하지 못했다.

151

"마이크, 그런 눈으로 보지 말아요."
"우리에게 이런 일이 생겨야 한다면 왜 하필 당신에게."
"내 잘못이었어요. 위를 올려다봤거든요.
당신이 있다는 걸 알고 있었죠.
걱정 말아요. 기적은 필요 없어요.
당신이 그림을 그릴 수 있다면 나도 걸을 수 있어요.
못할 일이 없죠."

타히티에서 마이크 이모님이 연주하는 피아노 멜로디에 맞춰 조심스레 테리가 허밍하며 하모니를 맞추는 두 여인의 모습은 이 영화의 명장면이 아닐 수 없다.

MOVIE OST
Love affair piano solo - Ennio Morricone

레옹
Leon, 1994

 난 안 죽어, 이제 막 태어났는걸!
행복하게 살 거야. 침대에서도 자고.
제발, 어서 가. 빨리!
침착하게 빠져나가야 돼.

마틸다(나탈리 포트만)는 12세밖에 되지 않은 소녀지만 이미 삶의 어두운 면을 잘 알고 있다. 아버지는 부패한 경찰관의 마약을 보관해주고 어머니는 그녀를 보살피지 않는다. 우유 2팩이 든 가방과 화분을 들고 있던 킬러 레옹(장 르노)은 옆집 소녀 마틸다의 일가족이 몰살당하는 것을 목격한다. 끔찍한 일이 벌어지는 동안 잠시 외부에 있었던 마틸다는 다행이 목숨을 구하게 되지만 가족의 원수를 갚기 위해 킬러가 되기로 결심한다. 12세 소녀 마틸다는 레옹에게 글을 알려주는 대신 복수하는 법을 배우게 된다.

7 Avenue, btw West 55th and 56th Streets

웨스트 55번가와 56번가 사이 7애비뉴. '아글라오네마' 화초를 마틸다가 한 팔에 들고 레옹과 나란히 걸어가는 모습이 촬영된 거리. 레옹이 꽤 아끼던 아글라오네마는 그 어디에도 뿌리를 내리지 못하고 이리저리 외로이 옮겨 다니는 킬러 레옹의 인생을 상징하기도 한다. 안개가 그윽하게 내려앉은 밤, 파크센트럴 호텔과 카네기 홀의 화려한 불빛, 그리고 브로드웨이 극장의 밝은 네온사인이 뒤섞인 이 거리에서 보랏빛 뉴욕의 밤을 느낄 수 있었다. 참 신비로운 빛깔이었다.

저 멀리 살포시 보이는 안개 속의 보랏빛 뉴욕. 아, 아름답다. 뉴욕.

Leon's Apartment, 71 East 97th Street and Park Avenue

    레옹의 아파트로 촬영된 장소. 이 아파트를 찾기 위해 맨해튼 미드타운부터 어퍼이스트 사이드를 따라 97번가까지 걸었다. 어퍼이스트 사이드는 뉴요커들이 가장 선호하는 위치 중 한 곳으로 매우 살기 좋은 부촌에 속하는데 96번가부터 조금씩 분위기가 달라지기 시작했다. 사람들이 거의 다지니 않는 거리를 걷게 될 때는 조금 긴장되기도 하면서 걸음 속도가 나도 모르게 빨라졌다. 그리고 만난 지점이 바로 97번가의 레옹아파트.

    아마 이 날 날씨와 동네 분위기가 좋았다면 조금 더 산책하고 싶었겠지만 날씨도 흐린데다 주변에 사람들도 보이지 않아 딱 여기까지만 산책하고 로어 맨해튼 방향으로 발길을 돌렸다.

    사진도 급하게 와다다다.

Chelsea Hotel, 222 West 23rd Street, btw 7th and 8th Avenues

　지난 여름에 다녀왔을 때 찍은 사진이다. 첼시 호텔은 한참 공사가 진행되고 있어 이 사진밖에 남길 수 없었다. 찌는 듯한 더위에 마틸다가 잠시 숨어 지냈던 장소로 촬영된 첼시 호텔을 카메라에 담고 근처 첼시 마켓으로 향했다. 더위 때문에 지쳤던 날이라 조금이라도 빨리 에어컨 바람이 시원한 곳으로 도피해야 했다.

    첼시 마켓에서 달달한 케이크와 시원한 드링크 한 잔에 얼마나 행복했는지. 그리고 해가 질 무렵 하이라인 파크에서 상쾌한 바람도 느끼며 잠시 쉬어 갔다. 더위가 기승을 부리던 한 여름 날 첼시에서 하루를 그렇게 보냈다. 첼시 마켓은 15번가와 16번가 사이에 있는 옛날 과자공장 자리에 들어선 대형 식품매장이다. 빌딩의 1층, 동굴 같은 통로 양쪽으로 가게들이 빽빽하게 들어서 있다. 유명한 베이커리와 맛집, 식료품과 차를 판매하는 집 등 종류가 매우 다양하다. 아기자기한 소품도 많아서 구경하는 재미도 쏠쏠하고 쇼핑하기에도 좋다. 첼시 지구는 비교적 낡고 오래된 건물이 많다. 낡은 건물 창고와도 같은 갤러리에서 예술가의 독특한 정취도 느껴보면서 첼시 마켓과 하이라인 파크도 산책해보길.

외로운 인생을 살며 자신이 키우던 화초를 "It's my best friend"라 불렀던 레옹. 그런 그가 마틸다를 사랑하게 되면서 잠도 자고 행복해지고 싶다고 말한다. 과거의 나쁜 습관을 버리고 새로운 인생을 살고자 했던 레옹. 그 대사가 내 가슴을 사정없이 친다. 아프다. 레옹의 이 대사.

"나도 행복해지고 싶어. 잠도 자고, 뿌리도 내릴 거야."

MOVIE OST
Shape of My Heart - Sting

세렌디피티
Serendipity, 2002

> 그녀를 찾으려는 노력은 아픔만 남긴 채 끝났지만
> 그 와중에도 그는 이것만은 믿었다.
> 세상만사 모든 게 늘 이유가 있으니
> 그 사건은 모두 한 방향으로 가고 있음을 말이다.

뉴욕의 겨울, 크리스마스이브. 무척 활기찬 한 백화점에서 조나단(존 쿠삭)과 사라(케이트 베켄세일)는 각자 자신의 애인에게 줄 선물을 고르다가 마지막 남은 장갑을 동시에 잡으면서 첫 만남을 갖는다. 뉴욕에서 처음 만난 두 사람은 들뜬 분위기 속에서 우연히 만나 사랑에 빠진다. 하지만 그들은 곧 각자 갈 길로 떠나야만 하고 이름도 모르는 채 헤어지게 된다.

조나단은 다음에 만날 수 있도록 전화번호를 교환하자고 하지만, 평소 우연한 사랑을 원하는 사라는 자신의 연락처를 적어 바람에 날려 보내고, 또 조나단의 연락처를 5달러 지폐에 적어 그 돈을 쓴 후 그 돈이 다시 자신에게로 돌아오면 연락하겠다고 말한다. 결국 그렇게 아쉬움 속에 그들은 헤어진다.

Bloomingdale's, 1000 3rd Avenue and East 59th Street

미국의 한 유명한 백화점 블루밍데일즈. 조나단과 사라가 각자 선물을 사기 위해 장갑 코너에서 하나밖에 남지 않은 캐시미어 장갑을 동시에 보고 있는 장면이다. 우연히 마주쳐 사랑이 싹트기 시작한 계기가 되었던 첫 만남의 장소가 바로 이스트 59번가에 위치한 블루밍데일즈 백화점이다. 하나밖에 남지 않은 장갑이 조나단과 사라 둘 다의 마음에 들지만 서로 양보한다.

"이 장갑 원하세요? 그럼 가져가세요."
"아니에요. 당신이 먼저 봤는걸요."

Serendipity III, 225 East 60th Street, btw 2nd and 3rd Avenue

　　Serendipity III. 이 카페는 어퍼이스트 사이드 맨해튼에 위치한 유명한 레스토랑 카페로, 1954년 Stephen Bruce라는 사람이 오픈했다. 이 집에서 유명한 메뉴는 늘 변함없이 풋 롱 핫도그(Foot Long Hot Dogs)와 프로즌 핫 초콜릿(Frozen Hot Chocolate)이다. 영화 속에서 조나단과 사라가 블루밍데일 백화점에서 첫 만남을 가진 뒤 이 카페에서 프로즌 핫 초콜릿을 주문하고 서로의 매력에 이끌려 함께 이 드링크만큼이나 달콤한 시간을 보낸다. 세린디피티 카페는 Marilyn

Monroe가 후원을 하였고, Jacqueline Kennedy Onassis가 자주 찾는 집으로 영화가 촬영되기 전에도 이미 맨해튼에서 큰 사랑을 받고 이름 나 있었던 레스토랑 카페였다.

   세렌디피티 카페에서만 맛볼 수 있는 프로즌 핫 초콜릿 드링크는 한 여름날 더위를 시원하게 씻어 내려주는 것 같았다. 꼭 한 번 들러 프로즌 핫 초콜릿도 맛보길!

   "번호를 알려주세요. 만약을 위해서…."

Wollman Rink in Central Park, 830 5th Ave

　울먼 링크(Wollman Rink). 센트럴파크 내에 위치한 퍼블릭 아이스링크로 1949년 케이트 울먼이 기부한 60만 달러로 만들어졌다. 1987년부터 1991년까지는 트럼프 대통령이 매입하였다. 이때 불리게 된 이름은 트럼프 울먼 스케이팅 링크. 1991년부터 2000년까지 조지 마코스가 매입하여 운영하였고, 2001년부터는 트럼프와 합작하여 운영하고 있다.

영화 속 로맨틱한 장면으로, 스케이트를 타다 넘어진 사라를 조나단이 치료해주는 신이 있다. 사라의 팔에 W 모양의 점을 보며 조나단은 별자리 모양의 카시오페아를 그려주고 팔에 키스하는 장면. 낭만 가득한 뉴욕의 겨울, 센트럴파크 아이스링크에서의 로맨스! 엔딩 신에서, 조나단이 우연히 사라를 기적같이 만나게 되면서 해피엔딩 스토리로 끝을 맺는다. 눈 내리는 뉴욕의 겨울, 7년 만에 재회한 조나단과 사라. 그 순간, 조나단은 그만 눈물을 흘리고 만다. 참 남자가 기뻐서 흘리는 눈물이란….

이 세상에서 가장 아름답고 소중한 순간은 '사랑'하는 사람과 함께 하는 시간.

사랑, 그 단어만으로도 행복해지는 우리.
사랑하자! 지금.
훗날 사랑하게 될 수 없을 때 후회하지 말고,
바로 지금 많이 사랑하고 아껴주자!
오늘이 마지막인 것처럼.

MOVIE OST
When you know - Shawn Colvins

페임
Fame, 1980

 우리의 빛이 얼마나 밝아야 우주를 빛나게 할까?
그건 이 세상에 얼마나 지대한 공헌을 하느냐에 달렸어.

〈페임〉은 뉴욕 46번가에 위치한 예술학교 학생들의 성공을 꿈 꾸는 이야기로 알란 파커(Alan Parker)가 감독하고 크리스토퍼 고어(Christopher Gore)가 쓴 1980년 미국 십대 뮤지컬 드라마 영화다. 오디션부터 신입생, 2학년, 3학년 및 4학년 졸업반에 이르기까지 뉴욕시의 명문 예술 고등학교에 다니는 학생들의 삶과 어려움, 그리고 그것을 극복해 나가는 청년들의 생활과 사랑을 고스란히 담았다.

학생들은 선생님과 갈등을 겪어가면서 예술인이 되기 위한 방황 속에 학교생활을 해나간다. 이 작품은 미국에서 TV 시리즈로 제작되어 인기를 누렸으며 영화로도 제작되어 아카데미상을 수상하였다.

학생들은 새로 만난 친구들에게 관심을 갖기 시작하고 정통성을 주장하는 선생님들과는 달리 비트가 강한 록뮤직 「페임(Fame)」을 부르며 에너지를 발산한다. 이 작품은 국내에서 1999년 7월에 예술의 전당 토월 극장에서 처음 공연되었다.

뉴욕 46번가 타임스퀘어 인근에 위치한 예술학교, The Real High School of Performing Arts는 Fiorello H. LaGuardia High School of Music & Art and Performing Art의 분교다. 뉴욕에서 가장 유명한 예술 학교로 예술적 재능이 최고로 뛰어난 학생들만 엄격한 실기 오디션 과정을 거쳐 합격되는데 실제로 경쟁률이 대단히 높은 학교다. 매년 1만 5천 명이 넘는 재능 있는 젊은이들이 응시하고 모든 예술가들이 한 번쯤 거쳐 가고 싶어 하는 세계 최고 경쟁률의 예술학교로, 연극·음악·무용·노래·악기 등 주요 예술 분야를 교육한다.

분교는 1948년부터 1984년까지만 운영되었고, 현재는 링컨센터 인근에 위치한 라구아디아 예술고등학교만 운영되고 있다. 영화 촬영 당시 120 West 46번가에 위치한 라구아디아 분교 예술학교를 촬영 장소로 허용하지 않았던 관계로, 46번가의 한 교회 입구를 학교 입구로 촬영되었고, 59번가 10애비뉴에 위치한 Haaren High School 내부가 전반적인 학교생활 신이 촬영된 장소였다.

　화려한 퍼포먼스와 젊은 열정을 닮은 타임스퀘어. 제인은 졸업 콘서트에서 이렇게 노래한다.

　"성공이란 아침에 일어나서 오늘 할 일이 있어 설레며 집을 나설 수 있다는 것…."

　실패를 통해 배우고 발전하고 꿈을 이루어 나가려는 열정. 꿈과 희망의 열정을 타임스퀘어 거리에서 펼친 그들의 무대. 이 영화의 메시지와 가장 잘 어울리는 뉴욕의 무대, 타임스퀘어. 그리고 예쁘고 순수한 아이들의 우정과 사랑 이야기.

　"오늘 저녁 우리 아빠가 하는 레스토랑에 오지 않을래?"

　"난 언제나 거절하는데 왜 자꾸 물어보는 거야?"

　"음. 계속 말하다 보면 언젠가는 받아줄 테니까."

"훗, 좋아. 주소 알려줘."

링컨센터와 줄리어드 음대 사이에 자주 찾는 고요한 공간이 있다. 이곳에 performing arts란 도서관이 있는데, 다채로운 소규모 공연도 자주 열리고 모차르트의 악보 필사본도 볼 수 있다. 도서관 입구 나무 그늘 아래 나뭇잎을 음미하며 독서하는 나만의 시간, 평온하다.

잠시 눈을 감고 내가 사랑한 모차르트의 피아노 콘체르토 작품 제23번, 형언할 수 없을 만큼 아름다우면서도 구슬픈 멜로디의 2악장 아다지오를 듣는다. 뉴욕 유학 시절을 회상하며, 내 안에 모차르트, 링컨센터, 피아노 멜로디, 그리고 뉴욕.

MOVIE OST
Try - Asher Book

시애틀에서 잠 못 이루는 밤
Sleepless in Seattle, 1993

내가 이것을 알고 아빠가 모르는 이유는 바로 내가 더 젊고 순수해서예요.
그래서 우주의 힘과 더 잘 통하죠.

건축가 샘 볼드윈(톰 행크스)은 사랑하는 아내가 암으로 세상을 떠나자 아픈 기억에서 벗어나고자 아들 조나와 시애틀로 이사한다. 조나는 아빠를 위해 새 아내를 찾아 달라며 한 토크쇼 라디오 상담 프로에 전화를 한다. 아내에 대한 샘의 애틋한 감정은 방송을 타고 전국에 퍼져 나가며 전 미국 여성들의 감동을 일으킨다. 한편 신문기자인 애니(맥 라이언)는 차 안에서 우연히 이 라디오 방송을 듣고 샘에게 관심을 갖게 된다. 애니는 올드 무비인 〈정사〉에서 힌트를 얻어 밸런타인데이에 엠파이어 스테이트 빌딩에서 만나자는 편지를 보낸다. 애니의 이색적인 데이트 요청에 끌린 조나는 애니를 만나달라고 조르지만 샘이 원하지 않자 혼자 뉴욕으로 떠난다. 샘이 결국 아들을 찾아 뉴욕으로 오면서 결국 세 사람은 석양이 붉게 물든 밤, 뉴욕 엠파이어 스테이트 전망대에서 마주치게 된다.

이 영화의 주제는 인연이 있는 사람들은 언제든 어떻게든 우주의 힘으로 우연히 다시 만나게 되어 사랑을 이루게 된다는 것. 감성을 잃어버린, 현대인들의 굳어버린 가슴을 촉촉이 적셔주는 90년대 초반 추억의 영화가 아닌가 싶다.

30 Rockefeller Plaza, 65th Floor at Rainbow Room

Rockefeller Center Plaza, Rainbow Room. 록펠러센터 65층의 레스토랑 바. 디너 메뉴는 뉴욕에서 손꼽히는 유명 쉐프의 요리가 제공 되고 감미로운 라이브 퍼포먼스로 도시의 낭만을 더해준다. 기억해야 할 점은 드레스 코드! 멋진 의상으로 분위기를 내보자. 사실 맨해튼에서 가장 멋진 야경을 감상할 수 있는 곳이 바로 이곳이 아닐까 싶다. 엠파이어 스테이트 빌딩을 배경으로 야경을 볼 수 있기 때문이다.

Rainbow Room 레스토랑 바는 록펠러 센터 Top of the Rock 전망대를 찾는 관광객들과 분리된 엘리베이터를 이용하게 된다. 영화 속 맥 라이언이 약혼자에게 이별을 고하는 장면으로 촬영된 장소다.

The Empire State Building. 5애비뉴 34번가에 위치한 건물로 맨해튼 코리아타운에서 단 두 블록 밖에 되지 않은 가까운 거리에 위치해 있다. 한국 사람들은 사실 가장 많이 지나가게 된다. 평범해 보이는 이곳이 그 유명한 엠파이어 스테이트 빌딩인가 하며 의아해 하는 사람들도 많다. 하지만 고개를 위로 들어 보면 얼마나 아름다운지 한 눈에 볼 수 있다.

미국의 동부 끝, 그리고 서부 끝에 사는 샘과 애니가 극적으로 만남을 갖게 되는 엔딩 신으로 촬영되었던 곳이 바로 이곳, ESB. 아날로그 감성의 로맨틱 코미디 영화로 90년대 초반에는 영화 속 감미롭게 흐르던 Celine Dion과 Clive Griffin 듀엣 곡인 「When I Fall in Love」도 한창 인기를 끌었다.

"매일 억지로 일어나 숨을 쉬며 살아가야 되겠죠.
그러다 언젠가는 아침에 혼자 눈 뜨는 게 익숙해지겠죠.
숨 쉬며 사는 것도 익숙해지고 추억도 잊어버리겠죠."

MOVIE OST
When I Fall in Love - Celine Dion, Clive Griffin

티파니에서의 아침을
Breakfast at Tiffany's, 1961

 *사람들은 서로 사랑하고 서로에게 속하는 거야.
그게 유일한 행복의 기회니까.*

트루먼 카포티(Truman Capote)의 소설을 각색한 작품으로 뉴욕을 동경하고 신분 상승을 꿈꾸는 미모의 여인이 뉴욕으로 이사하여 한 남자를 만나는 이야기. 1940년대 초의 뉴욕 배경, 검은 선글라스에 화려한 장신구로 치장한 홀리(오드리 헵번)가 티파니 보석상 쇼윈도를 가만히 갈망하듯 바라보는 신으로 유명하다. 같은 아파트에 사는 폴(조지 페파드)이라는 가난한 작가를 만나고 두 사람은 뉴욕 거리를 함께 돌아다니며 유쾌한 만남을 갖는다. 하지만 그녀는 가난한 현실을 벗어난 꿈같은 상류사회를 동경한다. 여주인공으로 세기 최고의 배우 오드리 헵번이 출연하여 그녀만의 청순미와 우아한 매력을 선보였고 34회 아카데미 음악상, 주제가상을 수상하기도 했다.

트루먼 카포티의 이 소설이 이렇게 비유된 바 있다.

*"뉴욕 이스트강에서 불어오는 상쾌한 바람과도 같다.
그처럼 상쾌한 바람이 불 수 있었던 시간으로부터
날아온 바람 말이다."*

Tiffany & Co.727 Fifth Avenue

   뉴욕 5애비뉴. 세계적으로 유명한 명품 상점의 거리다. 텍사스 농부의 아내로 지내다 도시 상류사회를 동경한 홀리가 명품 매장이 즐비한 5애비뉴 거리에서 여자들의 로망, 티파니 보석상 쇼윈도우 앞에 가만히 선 채로 디스플레이 된 보석을 갈망하듯 바라보는 신이 촬영된 장소. 커피와 베이글을 손에 들고.

169 East 71st, btw Lexington Ave & 3rd Ave

어퍼이스트 사이드의 맨해튼. 홀리가 아파트 창틀에 앉아 「Moon River」를 직접 기타로 연주하며 노래하는 장면은 오드리 헵번의 매력을 잘 보여준 대표적인 영화 속 명장면 중 하나일 것이다. 세련된 감각과, 청순하면서도 귀여운 면모가 돋보이는 그녀의 매력에 반하지 않을

수 없는 신이었다. 사랑해 주고 싶은, 사랑하지 않을 수 없는 이 여인.

오드리 헵번은 시대와 배경을 불문하고 많은 여성들이 가장 닮고 싶어 하는 여배우일 것이다. 실제로 5개 국어에 능숙하고 발레를 배우고 피아노를 연주할 줄 아는 지적인 여자였으며, 말년에는 UNICEF 홍보대사로 활동했다. 자신이 가진 것을 남과 나누며 행복해 하고, 동물과 어린 아이들을 사랑하는 순수한 마음을 끝까지 잃지 않았던 그녀의 모습만큼이나 아름다운 삶을 살다 이 세상을 떠났다.

어퍼이스트 사이드의 아파트 주변을 산책하면서 오드리 헵번이 아파트 창틀에 앉아 기타를 연주하며 「Moon River」를 노래하는 모습을 잠깐 떠올려 보았다.

MOVIE OST
Moon River - Henry Mancini

나 홀로 집에 2
Home Alone II: Lost in New York, 1992

 실패를 두려워하면 사랑을 못해요.
그걸 극복해야 돼요.

케빈의 가족은 크리스마스에 시카고에서 플로리다로 떠나게 되는데 공항의 소란 속에 뉴욕행 비행기에 오르게 되면서 거대한 도시에 케빈만 홀로 남게 된다.

케빈은 겁도 났지만 한편으로 신나기도 하여 아버지의 카드로 의심스러워하는 호텔 종업원들을 멋지게 따돌리기도 하고, 우연히 공원에서 비둘기 아줌마를 만나 친구가 된다. 처음 그녀를 보고 소스라칠 정도로 겁에 질렸던 케빈은 그녀가 따뜻한 마음을 가진 것을 알게 되고, 그녀와 대화하면서 가족의 소중함을 깨닫게 된다. 그리고 자기 잘못을 뉘우치는 의미에서 착한 일을 하겠다고 다짐한다. 감옥을 탈출한 악당들인 마브와 해리의 범죄 현장을 카메라에 담고 그들을 빈집으로 유인한다. 케빈의 함정에 빠진 두 멍청한 도둑들은 결국 경찰에 잡히게 된다. 짧은 시간 홀로 뉴욕에서 헤매다 자신의 인생에서 무엇이 가장 소중한지 깨닫고 느끼게 되면서 이제 조금 더 철든 사뭇 성숙해진 마음으로 어머니와 극적으로 상봉한다.

The Plaza Hotel, 750 5th Avenue and Central Park South

　도널드 트럼프 대통령이 까메오로 출연한 장면은 5애비뉴에 위치한 플라자 호텔 로비에서 촬영되었다. 플라자 호텔은 뉴욕 맨해튼에 위치한 호화 호텔이다. 1907년 건축되었고 센트럴파크의 동남 모서리에 위치한 그랜드 아미 플라자에 접하고 있다. 건물은 현재 뉴욕의 역사적 건축물로 지정되어 있다. 2012년 11월 인도 재벌 사하라그룹의 수브라타 로이 회장이 플라자 호텔 지분의 75%를 매입했다고 한다.

　플라자 호텔 푸드홀에 들러보면 이태리, 일식, 섭샌드위치, 프렌치, 초콜릿, 케이크, 마카롱, 디저트류와 여러 종류의 드링크 등 다채로운 음식을 쇼핑하듯 둘러보는 재미가 있다. 브렉퍼스트, 런치, 디너 모두 제공되고 일반적으로 오전 11시부터 저녁 9시 30분까지 운영하고 있다. 일요일은 오전 11시부터 오후 6시까지만 운영하고 있으므로 참고하면 좋겠다.

    5애비뉴를 따라 쇼핑을 했다면 센트럴파크를 만나는 시점에서 한번 가보길 권하고 싶다.

Rockefeller Center, 5th Avenue, btw 49th and 50th Streets

　케빈이 바라보는 장소는 록펠러 센터. 세계에서 가장 훌륭한 도심의 아르데코 앙상블로, 미국에서 가장 사랑받고 성공한 공공·민간 공간이라 할 수 있다. 4.5헥타르 면적의 개인 소유 부지에 지은 다양한 높이, 형태, 내용의 상업용 건물 19채로 구성되어 있는데, 처음에는 한 덩어리로 짓고자 하였으나, 다양성과 성장에 대한 여지도 남겨두었다. 록펠러 센터는 대공황 시기, 뉴욕에 지어진 유일한 대규모 상업용 건물이었다고 한다. 이것은 또 미국에서 가장 부유한 사람인 존 D. 록펠러의 비전이기도 했다.

　미국의 가문 중에서 록펠러 일가처럼 막강한 권력과 영향력을 행사한 가문은 없을 것이다. 록펠러는 석유왕으로도 불리고 미국 역사상 최고 부자로 꼽히는 인물이다. 그런 그가 암에 걸려 1년 시한부 인생을 통고받았다. 하지만 어떻게 그가 장수할 수 있었을까. 절망 상태로 병원 응접실 소파에 앉아 있을 때 그의 눈에 띈 것은 성경책이었다. 생각 없이 손길이 가는 대로 책을 펼쳐 읽어보니 "주라. 그러면 넘치도록 받을 것이다"는 말씀이었다.

평생 모으기만 하고 주는 일에 인색했던 록펠러는 그때부터 크게 뉘우쳐 주는 방법을 연구하기 시작했고, 그로 인해 설립된 기구가 바로 록펠러 재단. 가난한 사람들에게 아낌없이 돈을 주고 여러 형태의 기부를 시작했다. 이처럼 그는 기부하면서 인생이 더욱 행복해졌다고 한다. 결국 시한부 선고에도 불구하고 그 후로도 무려 40년이나 더 살았다. 주는 것이 얼마나 사람에게 큰 기쁨을 느끼게 해주고 건강하게 만들 수 있는지 록펠러가 그의 행실로 증명해준 셈이다.

해마다 겨울이면 록펠러 센터에 아이스링크가 개장되어 스케이트

를 즐기는 낭만적인 풍경을 볼 수 있다. 12월의 어느 날 밤, 유리 쟁반 같이 투명하게 빛나던 아이스링크에서 스케이팅을 즐기던 한 청년이 훌륭한 실력을 뽐내고 있었는데 마치 프로 발레리노를 보는 듯했다. 추운 겨울도 낭만 가득한 열정으로 가슴을 뜨겁게 해주는 뉴욕.

뉴욕에서는 사계절이 뜨겁다.

현대 미술가 제프 쿤스의 작품 Seated Ballerina. 2017년 2월 록펠러 센터 중심에 거대한 발레리나 소녀상을 알루미늄 풍선 같은 모습으로 설치하였다. '앉아 있는 발레리나'는 5월 세계 실종 아동의 달에 대한 인식을 제고하기 위해 선보인 작품이다. 풍선이 부풀어 오르듯, 어린이를 비롯한 모든 사람들에게 희망을 불어넣고 싶은 바람을 담았다고 한다. '앉아 있는 발레리나' 조각은 무려 45피트에 달한다. 언제나 관광객들로 붐비던 록펠러 센터에 제프 쿤스의 예술 작품으로 한층 더 도시의 생명을 불어 넣어주는 명소가 된 듯하다. 뉴욕의 6월. 5애비뉴를 지나다 록펠러 센터에 설치된 예술 작품을 보고 문득 가슴이 물 흐르듯 일렁이기 시작했다.

아, 예술! 6월, 그리고 뉴욕….

Radio City Music Hall, 1260 6th Avenue and West 50th Street

　라디오 시티 뮤직홀은 미국 뉴욕 록펠러 센터의 음악 공연장이다. 5,933석 규모의 세계 최대의 홀이며, 매년 6월 토니상 시상식도 여기에서 열린다. 설계자는 에드워드 듀럴 스톤이며 인테리어 디자이너도날드 데스키가 아트데코 형식으로 디자인하여 1932년 12월 27일 문을 열었다. 2004년에는 WNBA 올스타전이 열리기도 했고 다양하고 규모가 큰 공연이 주로 열리는 홀이다.

　케빈이 뉴욕의 한 공원에서 겁에 질려 만나게 되는 한 사람. 공포에 소리를 지르며 도망가려고 하지만 알고 보니 마음이 따뜻한 비둘기 아줌마. 센트럴파크 이스트 사이드 62번가 남쪽 끝에 위치한

Gapstow Bridge, Central Park

Gapstow라는 작은 다리. 그 다리를 너머 화려하게 빛나는 5애비뉴 선상의 플라자 호텔과 공원 사이로 비춰진 도시의 야경이 너무 아름답다.

"누굴 믿었다가 다시 상처 받을 것 같아서 겁나. 지킬 수 없는 약속은 하지 마렴."

"누군가가 필요하면 절 믿으세요. 아줌마를 잊지 않을게요!"

MOVIE OST
Plaza Hotel - John Williams

하우 투 비 싱글
How to Be Single, 2016

혼자 지내는 시간을 소중히 여겨야 한다.
부모님, 애완동물, 형제, 자매, 친구
다른 사람과의 관계에 묶여있지 않은 단 한 순간.
스스로 서는 단 한 순간이 정말 진정하게 혼자인 순간이다.

싱글 라이프를 즐기는 옳은 방법이 있고 틀린 방법이 있다. 앨리스(다코타 존슨)처럼 보내는 방법, 로빈(리벨 윌슨), 루시(앨리슨 브리), 메그(레슬리 맨), 톰, 데이비드 같은 싱글. 싱글로 산다는 것은, 누군가에겐 자유로운 연애의 최적 조건이고 또 누군가에겐 등에 달린 지퍼 내리기도 힘든 서글픈 현실. 연애의 기술은 넘치는데 왜 싱글로 사는 법은 그 누구도 가르쳐주지 않는지, 로맨스가 충만한 세상에서 오롯이 나 자신으로 살아가는 방법을 찾는 것이 이 영화가 전하는 메시지가 아닐까 한다.

Manhattan Bridge, East River, Lower Manhattan

 대학 시절 앨리스는 인생에서 단 한 번도 오롯이 혼자만의 삶을 살아본 적이 없다며, 남자친구와 휴식기를 제안하고 뉴욕으로 떠난다. 톰이 바텐더로 일하는 바에 트레이닝복 차림으로 앉아 천진난만하게 집에서 가져온 샌드위치를 아무렇지 않게 먹는 싱글녀 루시. 그때 바에 루시의 옛 친구들이 들어오는데, 그중 한 친구는 손가락에 낀 반지를 보여주며 곧 결혼한다고 자랑을 한다. 바에서 동화책을 보고 있던 루시에게, 자녀들 때문에 보는 책인지 묻는데, 아직 결혼하지 않은 싱글녀 루시는 자원봉사 활동 때문에 동화책을 보고 있는 것뿐이고 자신을 싱글이라는 이유로 안타깝게 생각하지는 말라고 당황스러운 듯 둘러댄다. 그러자 친구들은 루시에게 남자친구는 있는지, 이혼해서 싱글

Bar, 55 Gansevoort Street, Manhattan

인지 등 온갖 난처한 질문을 한다. 이 모든 상황을 지켜보고 있던 바텐더 톰은 그 친구들 앞에서 루시에게 기습 키스하며 남자친구인 척을 하고, 트레이닝복 차림으로 바에 와도 사랑스러운 여자친구라고 소개하면서 싱글인 루시를 조롱하던 친구들에게 이렇게 말한다.

> "자발적인 잠자리나 혼자 여행은 끝이군요.
> 허락을 구하지 않고 마음대로 쇼핑하는 것도요.
> 결혼이라니…
> 축하해요,
> 잘해봐요.
> 오래 가길 바랄게요."

루시를 조롱하던 친구들에게 바텐더 톰이 복수해주는 신이 촬영된 맨해튼의 바.

Esperanto restaurant, 145 Avenue C and East 9th Street, Manhattan

조시와 재회하는 신이 촬영된 장소가 팬케이크 레스토랑. 앨리스는 이제 휴식기는 끝났고 조시와 함께 살 준비가 되었다고 말하지만, 조시는 긴 시간 동안 진지하게 생각하는 여자를 만났고 앨리스에게 혼자만의 시간을 갖는 휴식기에 테스트 삼아 다른 남자들을 만나보고 다시 자신에게 돌아오는 앨리스를 받아들일 만큼 바보는 아니라며 이별을 고한다. 달달한 초콜릿 칩 팬케이크를 주문하고, 쓴 이별하게 되는 장면이 촬영된 코너의 한 레스토랑.

Alice's Apartment, 149 Broadway. Brooklyn

앨리스가 맨해튼에서 새로 살 집을 알아보던 중 찾게 된 아파트. 책을 읽을 수 있는 창가를 한참 바라보며 환한 미소를 짓는다.

"여기 앉아서 책 보면 되겠다."

앨리스는 난생처음 모든 것을 겪고 나서 비로소 혼자가 되는 법을 배운다. 오롯이 자신으로 사는 것, 남자로 인해 자신을 잃지 않는 것, 드레스는 혼자 벗을 줄 알아야 한다는 것, 그것이 바로 사랑에 집착하지 않을 때 진정 싱글의 삶을 누릴 수 있다는 것. 싱글이 되는 순간이 오면 혼자 잘 지내야만 한다는 것을 깨달은 앨리스. 하지만 어느 정도가 잘 지내는 것인지, 또 혼자서도 잘 지내다 보면 좋은 사람과 함께할 기회를 놓치진 않을지 염려도 한다. 싱글로 잘살기 위해서는 그 순간을 소중히 여겨야 한다. 그리고, 사랑이 멈추는 건 아니다. 혼자 사는 시간이 짧든 길든 그 순간은 누구에게든 찾아올 수 있다는 것을 깨닫게 해준 영화인 듯하다.

진정한 싱글 라이프란,

다른 사람과의 관계에 얽매이지 않는 삶이라는 것.

자신의 힘으로 일어서는 순간 비로소 진정한 싱글이 되는 것.

사랑에 집착하면서 자신을 잃었다고 생각했지만, 드디어 '하우 투 비 싱글'의 답을 찾은 앨리스. 이 영화의 마지막 신 앨리스의 표정이 모든 것을 말해준다. 혼자 여행을 하며 위대하고 광활한 자연 속에서 흘리는 눈물. 자신의 인생에서 진리를 깨닫게 된 순간을 경험한 것. 그 것은 분명, 가슴 벅찬 기쁨과 감격의 눈물인 것이다.

홀로 설 수 있을 때 비로소 함께 할 수 있다.
둘이 만나 서는 게 아니라
홀로 선 둘이 만나는 것이다.

홀로 선다는 건
가슴을 치며 우는 것보다
더 어렵지만
자신을 옭아맨 동아줄,
그 아득한 끝에서 대롱이며
그래도 멀리,
멀리 하늘을 우러르는
이 작은 가슴.
누군가를 열심히 갈구해도
아무도
나의 가슴을 채워줄 수 없고
결국은
홀로 살아간다는 걸

한겨울의 눈발처럼 만났을 때
나는
또 다시 쓰러져 있었다.

어딘가에서
홀로 서고 있을, 그 누군가를 위해
촛불을 들자.
허전한 가슴을 메울 수는 없지만
〈이것이다〉하며
살아가고 싶다.
누구보다도 열심히 사랑을 하자.

- 홀로서기, 서정윤

Movie OST
Mine, Phoebe Ryan

세컨드 액트
Second Act, 2018

 너를 멈추게 하는 유일한 건 바로 너야 너!

    뛰어난 업무 능력에도 불구하고 초라한 학력 때문에 무시를 받는 마야(제니퍼 로페즈)가 가짜 학력과 경력으로 대기업에 입사하면서 벌어지는 인생 2막 도전기를 담은 영화.

    15년 넘게 대형마트에서 일하면서 판매 실적도 높은 실력 있는 직원. 하지만 늘 학벌과 스펙이 없어 뛰어난 영업 능력과 높은 판매 실적에도 승진에 어려움과 좌절을 경험하다가 위조된 학력으로 대기업 회사에 면접을 볼 인생 대반전 기회가 찾아오고, 마야의 새로운 전성기는 그렇게 시작된다. 하지만 결국 자신에게 가장 소중한 사람들인 남자친구, 친구들, 그리고 딸을 위해 모든 사람들 앞에서 자신의 학력과 스펙이 거짓이었음을 밝히고 다시 진정한 자신의 모습을 찾는다.

    맨해튼의 금융 지구에 위치한 원 월드 트레이드 센터(One World Trade Center)에서 촬영된 첫 번째 영화. 40세의 마야로 제니퍼 로페즈가 출연한 로맨틱 코미디.

One World Trade Center(One WTC, 1 World Trade Center

One World Trade Center(One WTC, 1 World Trade Center, 1 WTC 또는 Freedom Tower라고도 함)는 뉴욕시 맨해튼에 재건된 세계 무역 센터 단지의 주요 건물이다. One WTC는 미국에서 가장 높은 건물, 세계에서 여섯 번째로 높은 건물로 초고층, 구조는 2001년 9월 11일 테러 공격으로 파괴된 최초의 세계무역센터(World Trade Center)의 노스 타워(North Tower)와 같은 이름이다.

건물의 건축가는 David Childs로, 회사 Skidmore, Owings & Merrill(SOM)도 Burj Khalifa와 Willis Tower를 설계했다. 기초 공사는 2006년 4월 27일에 시작되었고 One World Trade Center는 2012년 4월 30일에 뉴욕시에서 가장 높은 건축물이 되었다. 타워의 철 구조물은 2012년 8월 30일에 마감되었는데, 2013년 5월 10일에 초고층 첨탑의 최종 구성 요소가 설치되어 첨탑을 포함한 건물의 총 높이가 541m에 달했다. 높이(피트)는 미국 독립 선언서에 서명한 연도를 의미한다. 2014년 11월 3일에 건물은 개장되었고 One World

Seawanhaka Corinthian Yacht Club, 314 Yacht, Club Road, Oyster Bay

Observatory는 2015년 5월 29일에 개장되었다.

2009년 3월 26일 뉴욕 및 뉴저지 항만청(PANYNJ)은 이 건물을 "Freedom Tower"가 아닌 "One World Trade Center"라는 법적 이름으로 공식적으로 알려질 것이라고 확인했다. 건물의 높이는 104층이지만 실제로 94층에 불과하다. 새로운 세계무역센터 단지에 그리니치 스트리트를 따라 5개의 고층 사무실 건물과 원래의 트윈 타워가 있던 One World Trade Center 바로 남쪽에 위치한 국립 9.11 기념관 및 박물관이 포함되었는데, 이것은 원래의 세계무역센터 단지가 파괴된 날을 기념하고 재건하려는 뜻이 담겨있다고 한다.

마야가 입양센터에 보낸 딸과 재회하면서 행복한 시간을 보내는 장소를 따라가보자.

Seawanhaka Corinthian Yacht Club은 뉴욕 센터 아일랜드에 위치한 서반구에서 가장 오래된 요트 클럽 중 하나이며 Long Island South에 접근할 수 있다.

The Mall, Central Park

 센트럴 파크 몰(Central Park Mall)은 66번가에서 72번가까지 공원 중앙을 따라 아름다운 베데스다 테라스(Bethesda Terrace)로 이어지는 산책로.

 자신을 속이고 대기업에 입사하여 승승장구하지만 진정 자신을 잃어가는 모습을 발견한 마야. 겉모습만을 중요시하는 사람들 사이에서 자신의 배경을 부끄러워하지 않으며 용감하고 당당하게 맞서기로 한

High Line Park, 519 West 23rd Street, Meatpacking District

다. 그렇게 자신을 속이지 않고 진실하게 다가갔기에 진정한 우정도 지키고, 사랑도 얻는다.

"거짓에 근간을 둔 관계가 유지될 수는 없다."

Movie OST
The Cranberries, Dreams

브로드웨이에 막이 오를 때
Author! Author!, 1982

 누구나 아버지는 될 수 있다.
그러나 모든 아버지가 박수를 받을 자격이 있는 것은 아니다.

아이번 트라벨리언(알 파치노)은 아내와 5명의 아이들을 거느린 40대 초반의 가장이다. 뉴욕 브로드웨이의 희곡 작가로 제작자인 아놀드 크레폴리치(알란 킹)와 자신의 작품을 공연할 준비로 바쁜 와중에 아내는 일주일이 넘도록 집을 나갔다가 아무 말 없이 돌아오고, 아이번은 아내가 바람이 났다는 소문까지 듣게 된다.

아이번은 이런 아내의 직장까지 찾아가 관계를 회복하려고 노력하지만, 소문이 사실로 밝혀지고 결국 헤어지게 된다. 공연 준비는 대기업의 후원을 약속 받고, 할리우드의 출연을 약속 받는 등 잘 진행되어 가지만 아내의 가출과 5명의 아이들을 돌보느라 정신없는 생활을 계속 이어간다. 주연 배우 앨리스 디트로이트 (다이안 캐넌)는 아이번을 도와주기 원하지만 아이들에게는 익숙하지 않은 듯하다.

브로드웨이. 뉴욕 맨해튼 남단의 배터리 공원 북동단에서 출발하여 바둑판 모양으로 배열된 거리를 비스듬히 가로질러 북으로 통하는 대로다. 전 세계적으로 연극과 뮤지컬의 양대 성지라 할 수 있는 장소로 유명하고 제일 번화한 곳은 타임스퀘어. 영화에서 촬영된 곳은 45번가 8애비뉴에 위치한 극장이다.

Royale Theater, 242 West 45th Street, btw Broadway and 8th Avenue

　도시에 안개를 살포시 깔아주던 한 여름 날, 뮤지컬 〈미스 사이공〉을 관람하기 위해 브로드웨이 거리를 걸었다. 〈미스 사이공〉은 4대 뮤지컬 명작으로 뉴욕에서는 2001년 막을 내리고 2017년 봄 다시 초청 공연으로 오픈되었다. 16년 만에 찾은 뮤지컬 공연을 관람하게 된 것만으로 꽤 설레던 밤. 저녁 9시가 넘은 시간에 안개가 마치 도시의 불빛을 퇴색시키기라도 하는 듯 온 거리에 은은하게 퍼져 있었다. 자주 걷던 이 거리도 이렇게 다른 느낌으로 지나게 되는구나.

　이날 밤 도시의 안개는 브로드웨이 빌딩 사이 네온사인 불빛을 파스텔 톤으로 섬세하게 터치해주었다. 이 풍경. 내 나름대로 브로드웨이 거리를 최대한 매력적으로 카메라에 담고 싶었다. 안개가 어슴푸레 내려앉은 도시. 이렇게 느낌이 다르게 다가오다니. 놀라웠다.

　브로드웨이 거리를 지나며 문득. 매일 걸어도 또 다른 느낌으로 다가오는 도시. 나에게는 뉴욕이 그런 곳이다. 매일 새롭고, 매일 설레고, 매일 여행자의 느낌으로 다가오는 곳. 뉴욕….

The Palm Court, Plaza Hotel, 750 5th Avenue and Central Park South

The Palm Court. 맨해튼 5애비뉴에 위치한 플라자 호텔 내부 야자수가 있는 커다란 아트리움으로, 식사와 차를 즐길 수 있고 클래식 음악을 연주하는 작은 오케스트라 또한 선보인다. 영화 속에 자주 등장하여 호텔 내부 인테리어를 보기 위해 여행객들이 많이 찾고 특히 화려한 샹들리에 아래 야자수를 배경으로 사진을 찍기 위해 줄을 서 있기도 한다. 호텔 내부의 야자수가 다른 고급 호텔 로비라운지와 차별화되는 매우 독특한 인테리어를 자랑한다.

크리스토퍼 크로스의 「Best That You Can Do」 노래 가사처럼, 뉴욕은 우리를 미치게 만들지도, 사랑에 빠지게 만들지도 모른다.

"당신이 달과 뉴욕 사이에서 무엇을 선택해야 좋을지 모를 때
미친 일이지만 사실이지요.
당신이 달과 뉴욕 사이에서 무엇을 선택해야 좋을지 모를 때
당신이 할 수 있는 최선의 것은
당신이 할 수 있는 최선의 것은
사랑에 빠지는 일."

MOVIE OST
Arthur's Theme(Best That You Can Do) - Christopher Cross

비긴 어게인
Begin Again, 2013

> 난 이래서 음악이 좋아.
> 지극히 따분한 일상의 순간까지도 의미를 갖게 되잖아.
> 이런 평범함도 어느 순간 갑자기 진주처럼 아름답게 빛나거든.
> 그게 바로 음악이야.

싱어송라이터인 그레타(키이라 나이틀리)는 남자친구 데이브(애덤 리바인)가 메이저 음반 회사와 계약을 하게 되면서 뉴욕으로 이사를 오게 된다. 오랜 연인이자 음악적 파트너로서 함께 노래를 만들고 부르는 것이 좋았던 그레타와는 달리 스타가 된 데이브의 마음은 어느새 변해버린다. 한편, 스타 음반 프로듀서였지만 이제는 해고된 악명 높은 댄(마크 러팔로)은 미치기 일보 직전에 들른 뮤직바에서 그레타의 자작곡을 듣게 되고 그녀의 날카로운 재능에 매료된다. 그는 아직 녹슬지 않은 촉을 살려 그레타에게 음반 제작을 제안한다. 거리 밴드를

결성한 두 사람은 뉴욕의 거리를 스튜디오 삼아 진짜 부르고 싶었던 노래를 만들어간다.

　Gitane 카페 주변 거리를 지나다 자신의 작품을 직접 선보이고 아름다운 미소를 지으며 나를 초대하던 한 아티스트가 인상 깊었다. 뉴욕은 늘 이렇게 예술 작품으로 사람들의 눈과 마음을 즐겁게 해주기 때문에 뉴욕을, 뉴욕을 사랑하지 않을 수 없다.

Gitane Cafe, 242 Mott Street and Prince Street

Mott Street, btw Prince Street and E Houston Street

　Mott Street 거리를 걷는 두 뮤지션. 함께 거리를 거닐며 나누는 주옥같은 이야기. 뉴욕시에서 설정된 혁신적이고 매혹적인 초상화를 그린 듯 아름다운 모습이다. 이어폰을 나눠 끼고 음악적 교감을 하며 뉴욕의 거리를 함께 걷는 신이 참 인상 깊다.

　복잡한 뉴욕의 지하철역에서도 함께 음악을 듣는 모습도. 이들이 함께하는 시간은 모두 음악적 교감으로 이어진다. 자유와 낭만, 활기가 넘치는 뉴욕, 이 두 예술가의 흔적이 담긴 곳을 산책해보자.

"다시 시작해, 너를 빛나게 할 노래를!
이 소음까지 다 음악이 될 거야!"
"내가 하고 싶은 말은,
나이가 들수록 이런 진주들이 점점 잘 보이지 않아.
진주까지 가는 줄이 점점 더 길어져.
이 순간이 진주야, 그레타.
이 모든 순간들이 진주였어."

MOVIE OST
A Step You Can't Take Back - Keira Knightley

사랑의 레시피
No Reservations, 2007

인생에 관한 요리책이 있었으면 좋겠어요.
뭘 어떻게 할지 정확하게 말해주는 레시피요.
최고의 레시피는 당신 스스로 만드는 거예요.

자신의 삶과 일터인 주방을, 성공을 위한 레시피로 가꿔가는 뉴욕 맨해튼 고급 레스토랑의 주방장 '케이트'(캐서린 제타 존스). 그러나 케이트는 삶도 요리도 즐거움을 추구하는 부주방장 '닉'(아론 에크하트)과 언니의 갑작스러운 사고로 함께 살게 된 조카 '조이'(아비게일 브레스린)의 등장으로 삶 전체가 흔들린다. 최고의 주방장이 되는 것이 곧 인생의 성공이라 믿고 있던 굳건한 신념과 가치관이 흔들리고, 이제 설렘, 두근거림, 달콤, 그렇게 사랑보다 맛있는 요리는 없다고 믿기 시작한다.

22 Bleecker Restaurant, 370 Bleecker Street and Charles Street

　영화감독은 레스토랑 신 촬영을 위해 맨해튼 웨스트 빌리지에 위치한 Charles의 Bleecker Street 코너의 공간을 찾았다. 큰 창문으로 훌륭한 전망을 제공할 수 있다는 점에서 특별한 공간이 될 수 있다고 생각했다. 원래 중국 식당이었고 현재는 소매점으로 운영되는 작은 가게. 영화 제작이 이루어지면서 레스토랑 이름을 Bleecker Street 22번가로 결정했을 때 인근 지역에서 약간의 혼란이 발생했다고 한다. 가게 앞은 22번가 근처가 아니었고 Bleecker Street에서 사용하지 않은 유일한 숫자가 22번이었기 때문이다. 그래서 영화 제작 관계자들

은 레스토랑 이름이 안전하다고 생각했지만 실제로는 '22 Bleecker' 라고 적힌 표지판이 어퍼 맨해튼 지역에 혼동을 주었고, 이러한 이유로 결국 영화를 촬영할 때까지 그 간판을 제거하였다.

Bleecker Street는 뉴욕시 맨해튼 자치구의 유명한 거리로 아마도 그리니치 빌리지에 들어선 클럽들로 인해 더 유명해진 듯하다. 이 거리는 현재 음악 공연장과 코미디 극장으로 사람들이 많이 찾는 거리로 유명하지만, 한때는 미국 보헤미아의 주요 중심지였다.

Bleecker Street는 웨스트 빌리지의 8번가와 허드슨 스트리트의 교차점인 Abingdon Square를 East Village의 Bowery와 연결한다. 근처에는 Washington Square Park, 음악 공연장인 Cafe Wha?가 있고 Bob Dylan, Jimi Hendrix, Bruce Springsteen, Kool & The Gang, Bill Cosby, Richard Pryor 등이 있다. 2006년 문을 연 전설적인 클럽 CBGB는 Bowery의 코너가 위치한 Bleecker Street의 동쪽 끝에 위치하고 있다.

케이트와 닉은 서로에 대한 오해와 갈등을 풀고 사랑보다 맛있는 요리는 없다는 믿음으로 작은 레스토랑을 오픈한다. 이 신이 촬영된 장소가 The Little Owl Restaurant. 이제 질투도 경쟁도 없는 오직 사랑과 믿음으로 세상에서 가장 맛있는 요리를 함께 한다.

　The Little Owl 레스토랑은 실제로 식당 규모에 비해 높은 품질의 요리를 자랑한다. 10개의 테이블과 28개의 의자가 있는 아담하고 코지한 코너의 레스토랑이며, 이 공간에서 가장 눈에 띄는 특징은 골동품 도장 주석과 금으로 장식된 천장. 약 20달러로 신선한 시금치와 랍스터가 혼합된 치즈 리조토, 그리고 가리비구이 등을 즐길 수 있다. 이렇게 작고 아늑한 공간에서 즐길 수 있는 요리는 매우 독창적이고 미국식 비스트로 스타일을 완성한 Joey Campanaro가 만들어 낸 창작 작품이라고 한다. 가격도 착하고 요리도 예술 작품이니 근처에서 여행 중이라면 한 번 들러보면 좋겠다.

Kate, Nick and Zoe's Bistro, 90 Bedford Street and Grove Street

    한 가지 흥미로운 점은, 이 레스토랑 건물을 특징으로 방송된 유명한 TV 쇼가 있었기 때문이다. 1994년 9월, 뉴욕시 맨해튼 지역에서 함께 살면서 생활비를 공유한 NBC에 초청된 한 그룹의 친구들을 중심으로 꽤 인기를 누리던 TV 시리즈가 진행되었다. 바로 프렌즈('Friends'). Courteney Cox, Jennifer Aniston, Lisa Kudrow, Matt LeBlanc, Matthew Perry 및 David Schwimmer가 주연을 맡았다. 그 당시, '프렌즈'는 건물 외관만 촬영되었고 실제로 뉴욕에서 촬영되지 않았다. 그 이유에 대해 프로듀서 케빈 브라이트는 스튜디오 밖에서 촬영하면 라이브 관객이 함께할 수 없는 관계로 에피소드가 덜 재미있을 것으로 생각했고, '프렌즈'는 라이브 관객이 시리즈의 핵심 요소라고 생각했기 때문이다.

90년대 한창 인기를 끌던 '프렌즈'는 맨해튼의 Grove Street 모퉁이에 있는 아파트 블록을 기반으로 촬영되었지만 실제로 시리즈는 뉴욕에서 촬영되지 않았음에도 불구하고, 매년 수백만 명의 팬들이 이 지역을 방문하여 사진을 찍곤 한다.

　맛있는 요리는 사람과 사람을 연결해주는 역할을 한다. 이것은 곧 소통이고, 치유이고, 행복이고 또 사랑인 것. 누군가와 평생 기억할 수 있는 추억을 공유하고 싶다면 좋은 분위기와 장소를 찾아서 함께 식사하자고 약속해보자. 맛있는 음식을 함께 즐기면서 느끼는 서로에 대한 감정, 대화를 나누는 순간, 그 장소만의 향기, 함께하는 그 공간에서 흘러나오는 음악, 소음, 그리고 분위기. 가끔은 라디오에서 흐르는 좋은 노래를 듣는 것만으로도 그 순간 행복해지는 것을 경험한다. 별거

아닌 듯한 순간이 훗날 예쁜 추억으로 남게 될 수도 있다. 함께하고 싶은 사람이 있다면 내가 있는 곳으로 오기를 기다리기만 하지 말고 때로는 먼저 다가가 보자.

    맛있는 음식을 함께 즐길 수 있는
    삶, 사람, 그리고 사랑….

어느 영화의 대사처럼 우리가 살아가면서 하는 모든 일은 어쩌면, 조금 더 사랑받기 위해서가 아닐까. 그 누가 사람으로 태어나 사랑이 필요 없다고 말할 수 있을까.

우리 결국
인정받기 위해
사랑받기 위해
존중받기 위해
사는 것이 아닐까.

Movie OST
Mambo gelato, Ray Gelato

뮤직 오브 하트
Music of the Heart, 2000

 마음으로 연주하는 사랑의 하모니!
사랑은 바이올린 선율을 타고 흐른다!

세계적인 바이올리니스트가 꿈이었던 로베르타(메릴 스트립)는 해군 장교인 남편과 결혼하면서 자신의 꿈을 접어야 했다. 하지만 결혼 10년이 지난 후 남편에게 버림받는다. 우선 무엇이든 직업을 구해야 되었기에, 로베르타는 어릴 적 친구인 브라이언(에이단 퀸)의 도움으로 할렘가의 한 초등학교에 일자리를 구한다. 특별 활동으로 바이올린 교습 시간을 만들고, 당분간 음악 보조교사로 일하기로 한 것이다. 빈민촌 할렘가의 아이들에게 바이올린을 가르치기란 결코 쉬운 일이 아

Carnegie Hall, 154 West 57th Street

니었지만, 로베르타는 강한 심성을 가진 여성이었기에 꿋꿋이 자신의 자리를 지키며 아이들을 지도한다.

    그로부터 10년 후, 로베르타의 바이올린 교습은 할렘가의 인기 수업으로 완전히 자리 잡았다. 그러던 어느 날, 수업을 폐지하라는 소식을 통보 받고 교육 위원회에 맞서 싸우게 된다. 이 소식을 들은 로베르타는 크게 반발하고, 학생과 학부형들의 도움을 받아 수업 기금 마련을 위한 자선 콘서트를 열기로 한다. 투쟁하는 과정에서 그녀는 모든 것을 잃게 되지만 아이들의 행복에 대한 그녀의 결심은 놀라울 정도로 영감을 주어 다시 싸울 수 있게 도와준다. 이들의 이야기가 많은 언론을 통해 호응을 얻고, 세계적인 유명 뮤지션들까지 이들을 돕기 위해 나선다. 콘서트가 열리던 날, 카네기 홀을 가득 메운 청중이 로베르타와 그녀의 열정에 열렬한 박수갈채를 보내는 감동적인 실화다.

로베르타가 가난한 아이들에게 바이올린을 가르치고 카네기 홀에서 연주를 하기까지, 교육자로서의 의무와 여러 혜택을 받기 힘든 할렘가의 아이들에 대한 애정, 사회의 불공평한 일을 바로 잡으려는 용기 있고 열정적인 여자로 표현되는데 실화이기 때문에 더 감동적이지 않을 수 없다.

카네기 홀은 프로 뮤지션들의 꿈의 무대로 맨해튼 미드타운에 위치하고 있다. 1891년 5월 뉴욕 최대의 홀로 차이코프스키가 지휘한 뉴욕 교향악단의 피로연주회로 개장되었다. 처음에는 그저 뮤직홀로 불렸으나 1898년 철강왕 A. 카네기의 출자로 개축된 이래 카네기 홀로 불리게 되었다. 좌석 수는 약 3,000석이며, 작은 홀도 딸려 있다.

세계적인 음악가들이 이미 카네기 홀에서 데뷔를 하였고 현재도 유망한 학생들의 데뷔 무대가 되기도 한다.

현재 뉴욕에서 활동 중인 세계적인 작곡가가 내게 해준 말이 생각난다.

콜럼버스 서클, 센트럴파크를 따라 그곳과 근접한 카네기 홀을 거닐며, 그 옛날 '차이코프스키, 스트라빈스키와 같은 마에스트로 작곡가들도 자신이 걸었던 같은 길을 그 당시 걸었겠지' 생각하니 기분이 묘해졌다고 한다.

John F. Kennedy International Airport, Queens

    남편과 헤어져 살게 된 로베르타가 아이들이 남편과 함께 시간을 보낼 수 있도록 보내주는 장면은 맨해튼에서 가장 근접한 공항 JFK에서 촬영되었다. JFK공항은 퀸스 지역에 위치하고, 맨해튼 도심에서 동쪽으로 24㎞ 떨어진 곳에 있다. 1948년 7월 뉴욕국제공항(New York International Airport)으로 공식 개항하였으며, 대통령 케네디 암살사건 이후 1963년 12월 현재의 명칭으로 변경되었다.

    인근 LaGuardia, Newark공항도 있지만 대부분 뉴욕 여행을 올 때 가장 먼저 뉴욕을 접하게 되는 곳, JFK. 그래서 더 설레는 곳.

MOVIE OST
"Music of My Heart" - Gloria Estefan

재회의 거리
Bright Lights, Big City, 1988

 당신이 배반당했을 때 모든 것이 상징적이고 아이러니하게 된다.

80년대 제이 마키나니의 베스트셀러 소설을 각색한 작품으로 젊은 이들의 압도적인 공감을 일으켰다. 밝은 빛과 대도시. 많은 음모는 없지만 그 사행 방식에서는 시간의 흐름과 인간 삶의 고통을 피하려고 필사적으로 노력하는 사람의 광적인 혼란을 포착한다.

어머니를 잃고 아내에게 배반당한 캔자스 출신 제이미(마이클 J. 폭스)는 작가를 꿈꾸며 뉴욕에 상경한다. 하지만 마음을 추스르지 못하고 술과 도박으로 세월을 보내다 세상과 격리되면서 수렁에 빠지는 자신을 발견한다. 그런 그를 구해줄 수 있는 사람은 그의 술친구 아만다뿐.

Bryant Park, 6th Avenue and West 42nd Street

　영화 속 제이미가 뉴욕의 거리를 방황하는 장면으로 촬영된 장소 중 한 곳인 브라이언트 파크. 뉴욕 패션 위크, 더 폰드(The pond) 아이스 스케이트장 등으로 활용되고, 인근에 뉴욕 공공 도서관(The New York Public Library)과 타임스퀘어가 있는 최고의 위치라 할 수 있다.

　1686년 뉴욕 식민 주지사 토마스 던간(Thomas Dongan)에 의해 대중적 공간으로 설계되었고, 1823년부터 1840년까지는 공동묘지로 사용되었다. 1847년 리저브 스퀘어로 명명되었지만, 1884년 뉴욕 이브닝 포스트(New York Evening Post) 편집장인 윌리엄 컬렌 브라이언트(William Cullen Bryant)의 이름을 딴 브라이언트 파크로 변경되었다.

맨해튼 미드타운에 위치한 공원으로 뉴요커들이 가장 선호하는 아지트이기도 하다. Bryant Park Cafe에서 간단한 스낵과 드링크를, Bryant Park Grill 레스토랑에서 다이닝도 꼭 즐겨보길. 날 좋을 땐 실외 패티오 가든도 참 좋다. 단 예약이 없는 선착순이라 좀 기다릴 수 있으니 참고하자.

　미드타운의 허파 역할을 톡톡히 해내고 있는 브라이언트 파크의 여름 이벤트 핵심은 영화제이고 겨울엔 아이스링크. 한여름 밤의 영화제는 정말 좋은 나들이가 아닐 수 없다. 6월 셋째 주 월요일에 막을 올려 8월 넷째 주 월요일을 끝으로 막을 내린다. 그 기간 동안 매주 월요일이면 날씨에 관계없이 영화를 볼 수 있다. 비가 와도 멈추는 일이 없지만 아무 때나 간다고 볼 수 있는 것은 아니다. 메인 스폰서인 HBO가

심혈을 기울인 명작들을 도심 한가운데 있는 공원에서 무료로 즐길 수 있는 기회여서 너무 많은 사람들이 모이면 자칫 인원 제한에 걸릴 수 있기 때문이다.

어느 6월의 여름 날, 브라이언트 파크 영화제를 찾았다. 해마다 열리는 영화 페스티벌이기에 이미 정보를 아는 많은 사람들이 시원하게 더위도 달래고 야외 영화를 즐기기 위해 이곳을 찾는다. 이날 밤, 「On the Town」(1949)이 상영되었다.

6월의 바람이 부드럽고 따뜻하게 불어오던 날 밤. 엠파이어 스테이트 빌딩의 초록색 불빛만큼이나 상쾌한 느낌으로 내 마음을 흔들었다. 참 뉴요커들의 열정이란. 열정과 동시에 즐기는 여유는 사뭇 지나치는 여행자의 마음까지 설레게 한다.

아 뜨겁다. 식을 줄 모르는 열정이. 행복도 선택이다. 행복하고 싶은 만큼 우린 행복할 수 있다. 온통 초록색 나무들 초록색 벤치에 몸을 기대고 앉아 초록색 빛깔로 반짝이는 엠파이어 스테이트 빌딩을 바라보며,

난 느낀다.

찰나의 순간,
도시의 빛을..

MOVIE OST
Century's End - Donald Fagen

섹스 앤 더 시티
Sex and the City: The Movie, 2008

 난 진정한 사랑을 찾고 있어. 진정한…

완벽한 직업, 가던 사람도 뒤돌아보게 만드는 화려한 스타일로 뉴욕을 사로잡은 그녀들. 캐리, 사만다, 샬롯, 미란다! 하지만 그녀들에게도 고민이 있는데 그건 바로 '사랑'이다. 유명 칼럼니스트인 싱글녀 캐리는 오랜 연인인 미스터 빅과의 완벽한 사랑을 꿈꾸고, 10살 연하의 배우와 불꽃같은 사랑에 빠진 사만다는 그를 따라 할리우드로 떠나지만 결국 자유로운 뉴욕과 우정을 그리워한다. 변호사 미란다는 평화로웠던 결혼 생활에 예기치 못한 위기를 맞이한다. 샬롯은 누구보다도 행복한 결혼 생활을 하고 있지만 아이를 가질 수 없는 고민이 있다. 그녀들이 사랑하는 도시 뉴욕에서 영원한 해피엔딩을 꿈꾸는 이야기를 솔직하고 깜찍한 사랑으로 묘사한 영화라 할 수 있다.

Brooklyn Bridge, Lower East Side

　브루클린교. 1870년 착공하여 1883년 완공하였으며 당시 총 길이 5,989피트(약 2.7㎞)로 완공 당시 세계에서 가장 긴 현수교임과 동시에 가장 높은 건축물이었다. 또한 최초로 철 케이블을 사용하여 19세기의 중요한 기계 공학 업적 중 하나로 꼽힌다. 현재 뉴욕의 매우 중요한 교통로이자 관광지, 건축물 중 하나인 현수교이며, 미국에서 가장 오래된 다리이기도 하다.

　브루클린교에서 그저 걸어 보거나 조깅만 해도 뉴욕의 매력에 흠뻑 젖게 된다. 브루클린교 산책로에서 이스트강을 바라보며 걸어보자. 뉴욕 여행에서 브루클린교 산책은 선택이 아닌 필수!

Rutgers Street and Madison Street, Chinatown

맨해튼 남쪽에 위치한 차이나타운은 뉴욕의 관광 명소가 되었다. 19세기 중반 대륙 철도공사를 위해 넘어온 중국 노동자들이 거주하기 시작하면서 형성된 곳으로 골목마다 레스토랑, 샵, 상점, 가게들이 있는데 Canal Street이 가장 번화한 길이고, 골목들 사이에도 많은 볼거리들이 있다.

현대미술관 내 프렌치-아메리칸 레스토랑. 커다란 창가 사이로 보이는 Aldrich Rockefeller Sculpture 푸른 가든이 인상적이다. 이

The Modern, 9 West 53rd Street, btw 5th and 6th Avenues

름 그대로 모던한 인테리어로 디자인한 레스토랑 내부의 느낌과 대조적으로 푸른 숲속에 앉아 식사를 하는 듯한 착각을 하게 만드는 곳이었다. 바쁜 일상 속에서 늘 쉼터를 갈망하는 뉴요커들을 위한 맞춤이 아닐까 싶다. 런치와 디너가 제공되고, 스낵과 드링크를 위한 'Bar Room'도 있다. 쉐프 Abram Bissell's의 contemporary cooking, 한국인 쉐프 김지호의 디저트와 페스트리도 맛볼 수 있고, Michael Engelmann의 와인 프로그램도 즐길 수 있다.

Sarabeth, 40 Central Park South

〈섹스 앤 더 시티〉가 촬영된 사라베스는 Central Park South점. 난 비교적으로 조용한 어퍼이스트 사이드에 위치한 사라베스가 더 좋다.

원고를 다듬고 글을 끄적이며 칵테일 한 잔 하는 어느 늦은 오후, 옆 테이블 노부부가 참 보기 좋았다. 뉴욕은 늘 볼 수 있는 풍경이다. 노부부가 함께 데이트를 즐기는 모습. 이들의 이러한 데이트가 어떤 특별한 날이 아니라 일상이다.

사라베스에서 유명한 메뉴는 시그니처 에그 베네딕트, 프렌치토스트, 펜 케이크.

이 영화의 대표적인 장면으로 루드비히 반 베토벤(Ludwig Van Beethoven)이 불멸의 연인에게 쓴 러브레터를 캐리와 빅이 속삭이는 신이 유명하다.

내 생각은 이미 당신을 향해 달리고 있어요.
나의 불멸의 연인이여,
나는 그대와 완전히 함께할 수 없다면,
세상을 살아갈 수 없습니다.
마음을 진정시켜요. 나의 생명, 나의 전부여,
우리들의 현실을 냉정히 관찰해야
함께 맺어지고자 하는 우리의 목적이 성취될 것입니다.
언제까지나 나를 사랑해 주세요.
그대를 사랑하는 나의 성실한 진심이 헛되이 되지 않도록.

영원히 그대의
영원히 나의
영원히 우리의

MOVIE OST
Love Letters - Aaron Zigman

파이브 투 세븐
5 to 7, 2014

 하지만 이건 장담할 수 있다.
당신이 나의 어떤 책을 좋아하든
그건 모두 한 독자를 위해 쓰여진 것이다.

    24살 뉴요커이자 풋내기 작가 지망생 브라이언(안톤 옐친)은 매일 출판사의 거절 레터를 받으며 지쳐 가는데 어느 날 문득 길을 걷다가 그의 가슴에 들어온 여인 아리엘(베레니스 말로에)을 만나게 된다. 인어공주와 같은 이름을 가진 그녀. 33살 완숙한 그녀는 파리에서 뉴욕에 온지 얼마 안되어 아직 뉴욕이 낯설기만 하다. 브라이언은 완숙하며 지적인 매력을 가진 그녀에게 더욱 끌리게 되고, 사랑을 믿지 않았던 아리엘은 마음이 흔들린다.
    프랑스에서 자신만의 시간을 가질 수 있는 때는 오후 5시에서 7시. 아리엘은 브라이언에게 5시에서 7시까지의 특별한 데이트를 제안한다. 뉴욕의 거리, 센트럴파크, 구겐하임 미술관, 쉐리-르만 와인샵, 크로포드 도일 서점 등 뉴욕의 가을 속에서 둘만의 비밀스러운 로맨스가 시작된다.

Guggenheim Museum, 1071 5th Avenue and East 89th Street

솔로몬 R. 구겐하임. 뉴욕 구겐하임 미술관은 뉴욕의 센트럴파크 동쪽 어퍼이스트 사이드에 위치한 현대 미술관이며, 인상파와 후기인 상파, 그리고 현대미술을 전시한다. 1959년 프랭크 로이드 라이트에 의해 완공된 이 박물관은 달팽이처럼 건물 자체가 나선형으로 되어 있으며, 20세기의 중요한 건축물 중 하나로 꼽힌다. 공간이 부족하여 베네치아, 빌바오, 베를린 등 다른 도시에도 별관이 있다.

구겐하임 미술관은 철강왕인 벤저민 구겐하임이 1912년 4월 15일 RMS 타이타닉 침몰로 최후를 맞이하자 그의 상속녀인 페기 구겐하임이 막대한 유산으로 세계의 미술품들을 모아들이고 유명한 미술가들을 후원해 줌은 물론 미술가 지망생들을 육성하여 상당히 많은 미술품을 남겼다고 한다. 이 과정에서 솔로몬 R. 구겐하임은 페기 구겐하임이 모아들인 미술품들을 전시할 미술관을 건립하였고 그 미술관에 페기 구겐하임이 모아놓은 미술품들이 전시되었다. 솔로몬 구겐하임은 벤저민 구겐하임의 형으로 페기 구겐하임의 숙부다.

5th Avenue,
btw East 75th & 79th Streets

    뉴욕 맨해튼 5애비뉴 센트럴파크를 따라 산책하는 길이 좋다. 한쪽으로는 웅장한 숲과 같은 거대한 공원이, 또 다른 한쪽으로는 어퍼이스트 사이드 센트럴파크 전망의 고풍스러우면서도 현대적인 감각이 느껴지는 건축 양식의 아파트 건물을 보며 걷는다. 영화 〈대부〉를 비롯해 수많은 영화들이 촬영된 센트럴파크 5애비뉴에 위치한 아파트는 공원 전망이 좋아 도시와 휴식을 동시에 사랑하는 뉴요커들에게 실제로 매우 인기 있는 곳이다.

영화가 뉴욕을 닮으려 하는 걸까,
뉴욕이 영화를 닮으려 하는 걸까.
문득….

Grand Army Plaza and West 58th Street

　플라자 호텔은 여러 영화에서 이미 많이 촬영된 곳이기 때문에 여행자들이 늘 찾는 곳이다. 하지만 5애비뉴 선상의 Grand Army Plaza 라는 작은 공간은 모르고 지나치기도 한다. 58번가 코너에 위치한 아담한 쉼터. 비둘기에게 먹을거리를 던져주며 구경도 하고 특히 5애비뉴 길을 따라 로어 맨해튼에서부터 58번가까지 걸어왔다면 지친 몸을 잠시 기대어 쉴 수 있는 적합한 위치가 아닐까 한다.

뉴욕 공립도서관. 3개의 중앙 도서관과 함께 뉴욕 시내 곳곳에 크고 작은 85개의 지점 도서관이 있으며, 연구 목적으로 공개된 4개의 연구 도서관이 있다. 또한, 인터넷을 적극적으로 활용한 정보 공개나 수많은 교육 프로그램들을 개최하여 뉴욕의 종합적인 교육 및 연구 기관의 기능을 하고 구텐베르크 성경과 카포티의 초고 등 역사적으로 귀중한 장서를 다수 소장하고 있다. 명칭에 '공립'이라 표현되어 있으나 설립 주체가 뉴욕시가 아닌 독립 법인이고, 이러한 이유로 재정은 민간 기부로 운영되고 있다. 무료 이용을 원칙으로 하고 있으며 뉴욕시에 거주하고 근무하는 이들을 회원 대상으로 하고 있다.

정문 앞에 설치된 두 개의 사자상은 모체가 된 두 개의 도서관의 이름을 따 각각 Astor, Lenox라는 이름이다. 1930년대의 세계 공황 때에는 각각 Patience(인내)와 Fortitude(불굴의 정신)라는 두 별명이 붙었는데 당시 뉴욕 시민들에게 이 두 가지 자질이 필요했다는 의견에 따라서였다고 한다. 3층 열람실에 가보면 넓은 천장과 아치형 창문이 중세의 성을 연상시키는 중후한 분위기에서 책을 읽고 공부하는 기분을 느낄 수 있다.

뉴욕 공립도서관은 브라이언의 책 출간을 발표하는 장소로 촬영되었다.

"인생이란 매 순간의 모음이죠,
그러니 가능한 한 좋은 걸 많이 모아야 해요."

일상과 여행이 공존하는,
맨해튼 미드타운의 뉴욕 공립도서관과 브라이언트 파크!

"세상에는 싸울 수 없는 힘이 두 가지 있어요.
하나는 자연의 힘이고 또 하나는 사랑의 힘이죠."

MOVIE OST
Sans Toi a - Sarah Natasha Warne

에브리원 세즈 아이 러브 유
Everyone Says I Love You, 1996

 *이건 아닌 것 같아.
이상은 이상으로 남아있어야 옳은 것 같아.*

뉴욕의 이야기를 사계절로 나눠 봄, 여름, 가을, 겨울의 스토리로 구성. 디제이(나타샤 리온) 가족은 늘 복잡하고 다양한 이야깃거리로 시끄럽다. 엄마 스테피(골디 혼)는 아빠인 조(우디 알렌)의 친구인 밥(알렌 알더)과 결혼했으며, 이복형제, 그리고 가벼운 치매 증세를 보이는 할아버지가 있다.

홀든(에드워드 노튼)과 스카이라(드류 베리모어)는 서로 사랑에 빠진다. 조는 혼자가 되면서 베니스로 떠나고, 그곳에서 아름다운 미녀 폰(줄리아 로버츠)을 만나 사랑을 한다. 그리고 그녀가 꿈꾸는 남자가 바로 자신이라고 믿게 만든다.

"나는 내가 바라던 것을 다 얻었어.
만족하기보다는 현실로 돌아가야 할 것 같아."

Madison Avenue and East 93rd Street

　어퍼이스트 사이드 93번가 매디슨 애비뉴 길모퉁이에 자리한 작은 서점. 이름처럼 코너에 위치하고 코지한 분위기로 로컬 사람들의 사랑을 많이 받는 서점인 듯했다. 창밖에 가지런히 디스플레이된 책을 보니 서점 문을 열고 들어가지 않을 수 없었다. 편안한 차림으로 집앞 서점에서 어른들과 아이들이 함께 독서를 하는 안락한 곳이었다. 서점 입구에 늘어놓은 고전 작품이 눈에 띄어 한참을 서서 보았었는데 소소한 일상이지만 기분도 좋고 마음이 차분해지면서 편해지는 듯했다.

　책을 넘길 때 살짝 풍기는 종이 냄새가 좋다. 행복은 참 작은 것에서부터 느낄 수 있는 것이란 사실을 새삼 또 느끼며 사장님과 직원에게 환한 미소로 다가가 서점이 너무 예쁘고 아늑하다며 칭찬도 해주며 나왔다. 진심을 담아 그분들께 칭찬을 해주니 내 기분도 좋아지는 것 같았다.

Near the Metropolitan Museum of Art, 1000 5th Avenue and East 82nd Street

메트로폴리탄 미술 박물관. 이곳은 입구부터 꽤 기분 좋게 해준다. 날씨가 좋은 한낮 봄이나 여름날엔 어김없이 입구 계단에 앉아 쉬는 사람들을 마치 객석으로 여기듯 자신들의 무대를 펼쳐 뽐내는 뮤지션 들이 눈에 띄곤 한다. 재즈를 연주하고 아카펠라를 부르는 등 정겨운 뮤지션 들이 하루의 기분을 더 유쾌하게 해준다. 박물관 입구 계단에 앉아 거리 음악도 즐기며 따뜻한 햇살도 느껴 본다.

MOVIE OST
The Three Sounds - Makin' Whoopee

한나와 그 자매들
Hannah and Her Sisters, 1986

 시인들의 말이 맞아. 사랑만이 해답이야!

한나와 그녀의 자매가 추수 감사절 가족과 함께하는 저녁 식사로 시작하고 끝나는 가족의 얽히고설킨 이야기를 그린 1986년 미국 희곡 영화. 한나 역을 맡은 미아 패로우, 그녀의 남편 마이클 케인, 그리고 한나의 자매들인 바바라 허시와 다이안 위스트가 함께 그린 스토리로 우디 앨런이 직접 쓰고 감독했다.

에피소드를 16장으로 엮어 가족 해체와 이성에 반하는 인간들의 심리를 심각하지 않게 묘사해냈다. 이 작품은 아카데미 시상식에 작품상을 포함하여 총 7개 부문(작품상, 감독상, 남우조연상, 여우조연상, 각

Pomander Walk, 260-266 West 95th Street

색상, 미술상, 편집상) 후보에 올랐고, 그 중 남우조연상을 포함한 총 3개 부문에서(남우주연상, 여우조연상, 각색상) 수상의 영광을 차지했다.

포만더 워크는 브로드웨이와 웨스트엔드 애비뉴 사이 어퍼웨스트 사이드에 위치한 뉴욕 맨해튼의 협동 아파트로 27개의 건물로 이루어져 있다. 좁은 안뜰을 가로질러 서로 마주 보는 8개의 건물로 구성되었다. 각 건물에 원래 각 층마다 한 개의 아파트가 있었지만 최근 몇 건물은 단독 주택으로 재구성되었다고 한다.

포만더 워크는 뉴욕 맨해튼의 건물 모습과는 사뭇 스타일이 다르며 작가이자 전 거주자였던 Darryl Pinckney는 이곳을 어퍼웨스트 사이드의 "놀랍고 기발한 삽입(an insertion of incredible whimsy)"이라고 불렀다. 대중에게 개방되어 있지 않고 방문은 초대 또는 가이드 투어를 통해서만 가능하니 참고하자.

Mount Sinai Hospital, 1184 5th Avenue and East 101st Street

    건강을 병적으로 염려하는 남자. 사실 뉴욕 맨해튼은 장수촌이라 불릴 만큼 뉴요커들의 건강에 대한 관심과 관리가 대단하다. 센트럴파크, 허드슨강 산책로, 이스트 강변 산책로 등 맨해튼 곳곳에서 열심히 운동하며 조깅하는 뉴요커들의 모습을 흔하게 볼 수 있다. 한 번은 내 눈을 의심할 정도로 놀라운 광경을 보았다. 센트럴파크에서 30대 초반으로 보이는 젊은 아빠가 쌍둥이 유모차를 꼭 잡고 굉장히 빠른 속도로 뛰고 있었다. 또 옆쪽으로 80대로 보이는 할아버지가 반신이 마비된 몸으로 조깅하는 모습에 놀랐다. 이런 의지로 살아가는 사람들이 세계를 움직이고 있겠지.

    뉴욕에서 매우 인상깊게 느낀 점 중 하나는, 과식하는 사람들을 거의 볼 수 없고, 레스토랑에서도 음식은 적당한 양의 높은 웰빙 퀄리티를 선보이는 곳이 더 유명하고 인기가 많았다는 것이다.

    우디 앨런이 영화에서 독백하는 대사를 보면 뉴요커들이 얼마나 건강에 많은 관심을 갖고 살아가는지를 엿볼 수 있다.

 병원에서 터벅터벅 걸어 나오는 우디 앨런의 모습, 표정, 그리고 그의 대사를 보니 어떤 표정인지, 어떤 느낌인지 알 것 같다.

"염세주의자, 프로이드는 어떻고?
몇 년을 심리상담해도 변한 게 없어.
상담가도 좌절했는지 샐러드바를 차려 버렸지.
조깅하는 사람들 좀 봐.
그런다고 안 죽는 줄 아나?
그것도 모르고 저렇게 체조니 자전거 타기니….
불쌍해.
시인들 말이 맞아.
사랑만이 해답이야."

Bookshop, 109 East 9th Street and 3rd Avenue

이 영화에 소개되는 시를 감상해 보는 시간이 좋았다. 리를 사랑하게 된 엘리오트가 책을 선물하는데, E. E. Cummings의 시집이다. 리를 몰래 뒤따라간 엘리어트가 그녀를 서점에서 마주치고, E. E. Cummings의 'Somewhere I Have Never Travelled, Gladly Beyond' 시를 낭송하는 신이 있다. 영화에 촬영된 서점은 현재 운영되지 않고, The Central Bar 아이리쉬 펍으로 운영되고 있었지만 폐점되었으니 참고하자.

내가 한 번도 가보지 못한 어딘가에,
그 어떤 경험으로부터도 아득하게 떨어진 곳에,
당신의 눈은 침묵을 담고 있습니다.
당신의 덧없는 손짓 하나마저도 날 감싸 안거나
혹은 너무 가까워서 만질 수도 없는 그런 것을 품고 있습니다.
당신의 사소한 눈짓 하나에도 날 열 수 있는 힘이 있어
모아 쥔 손가락처럼 나 자신을 닫아버려도
당신은 꽃잎 한 장 한 장씩 나를 열 수 있습니다.
마치 (능숙하고 신비롭게) 봄이 그녀의 첫 장미 봉우리를 열 듯
당신이 나를 닫아버리길 원한다면,
나는 내 인생과 함께 너무나도 아름답게, 불현듯,
이 꽃의 시장이 온 천지에 살포시 내려앉는
눈송이를 상상하며 꽃잎을 오므리듯 닫힐 것입니다.
우리가 이 세계에서 지각할 수 있는 그 어떤 것도
당신의 강렬한 여림의 힘만 못할 것입니다.
그 영역의 빛깔로 나를 매혹하는 그 감촉은
숨결마다 죽음과 영원을 각인시킵니다.
(당신의 무엇에 생명을 열고 닫는 힘이 있는지 나는 알지 못합니다.
그저 내 안의 무언가가 느끼기를 그대 눈동자의 목소리가 세상 모든 장미보다도 더 깊을 뿐입니다)
그 누구도, 빗방울조차도, 그토록 작은 손을 가지고 있지는 않습니다.

  -E. E. Cummings, 'Somewhere I Have Never Travelled, Gladly Beyond'

MOVIE OST
J.S. Bach Piano Concerto No. 5 in F minor (BWV 1056 - II: Largo)

Mr. 히치 - 당신을 위한 데이트 코치
Mr. Hichi, 2005

날 봐요, 사라. 떨어지고 있잖아요.
내가 날 수 있게 하는 단 한 사람, 당신이에요.

   알렉스 히치(윌 스미스)는 뉴욕의 전설적인 데이트 코치. 짝사랑에 잠 못 이루거나 연애로 고민하는 많은 사람을 구제해준 경험으로 높은 성공률을 자랑한다. 매혹적인 상속녀 알레그라에게 반한 알버트(케빈 제임스)가 히치에게 도움을 구하게 되는데, 연애 경험이 없는 것은 물론 뚱뚱한 몸매에 몸치인 알버트와 그가 반한 상대는 뉴욕 사교계의 여신으로 불리는 알레그라. 둘의 데이트는 불가능해 보이기만 한다. 성공률 100%를 자랑하던 히치도 자신의 연애는 어려운가 보다.
   알버트의 연애를 돕는 동안 알레그라의 행적을 쫓는 뉴욕 최고의 스캔들 전문기자 사라(에바 멘데스)에게 반하게 되는데, 중도 자기 머리는 못 깎는다고. 당당하고 자신있게 사라에게 접근하여 대시하지만 사라 앞에서 실수 연속에 철저하게 망가지는 난감한 상황이 계속된다. 데이트 코치 알렉스, 그리고 알버트. 이 두 남자의 우여곡절 끝에 성공한 연애 스토리.

Greene Street and Spring Street

    Green Street. 트렌디한 소호(SoHo) 지역을 거쳐 여러 블록으로, 뉴욕대학의 캠퍼스 일부를 따라 네 블록 규모의 거리. 단 1마일의 짧은 거리지만, 독특한 예술과 건축물을 볼 수 있고 활기찬 워싱턴 스퀘어 파크에서 불과 몇 블록만 떨어져 있어 많은 볼거리와 쇼핑, 그리고 다양한 문화생활이 가능하다. 그린 스트리트 소호 지역에 특히 많은 부띠끄가 늘어서 있기 때문에 이 블록에서는 쇼핑백을 흔들며 활보하고 적극적으로 쇼핑하는 사람들의 모습을 자주 볼 수 있다.

    소호는 예술가들에 의해 조직되었고, 일부는 소호 스튜디오에서 1960년대 초반부터 불법으로 살고 있었다고 한다. 산업계에서 버려진 공간에서 살거나 일하면서 저렴한 로프트로 바꾸었는데, 퇴거의 위협에 직면한 예술가들과 예술 지원가들은 이 공간을 지킬 권리를 조직하고 싸웠다는 역사가 있어 보헤미안의 느낌이 물씬 풍기고 예술가들의 흔적과 손길이 남아 있는 곳이다.

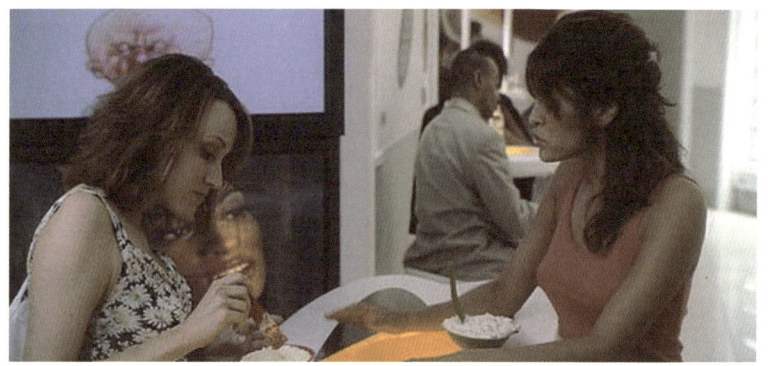

Rice to Riches, 37 Spring Street and Mulberry Street

 이 집 라이스푸딩은 전문화된 하이테크 주방에서 매일 직접 만들어지며 공장에서 생산되지 않는 것이 특징이다. 우유, 쌀, 설탕, 달걀, 크림, 계절 맛 과일 및 기타 신선하고 풍부한 재료로 인공 색소 또는 방부제가 없어 웰빙을 좋아하는 뉴요커들의 입맛을 특히 더 사로잡는다. 독창적으로 디자인된 토핑은 라이스푸딩 메뉴만큼 독특해서 여행자들에게도 잊을 수 없는 분위기와 맛을 선사한다.

Ellis Island, Jersey City

　엘리스섬은 허드슨강 하구에 있는 섬으로 1892년 1월 1일부터 1954년 11월 12일까지 미국으로 들어가려는 이민자들이 입국 심사를 받았던 곳이다. 뉴욕 자유의 여신상이 있는 리버티 섬에서 북쪽으로 0.8㎞ 정도 떨어져 있는데, 이 섬의 이름은 1700년대 후반 동안 이곳을 소유했던 상인이자 농부였던 새뮤얼 엘리스의 이름을 딴 것이라고 한다.

 1892년부터 미국 정부가 엘리스섬을 이민 장소로 사용하기 시작하면서 약 35척의 건물들이 건설되었다. 후에 이민자들이 공무원들에게 입국 의문을 받고 의사들에게 심사를 받았는데 전염병이 의심되는 사람들이나 범죄자, 정신병자와 같은 사람들은 연방법에 의하여 입국이 금지되기도 했지만 98%는 입국이 허가되었다고 한다.

 이민 장소로 사용되었던 섬은 1954년에 정식으로 폐쇄하였고 1965년에 국보로 지정되었으며 연방 정부의 국립공원 서비스에 의하여 운영되었다. 국립공원 서비스는 1980년대에 섬의 건물들을 대량 개축하기 시작하였고 1990년에 개장하면서 주요 건물은 지금 엘리스섬 이민 박물관이 되었다. 낡은 사진들, 옷, 장난감, 이민자들의 여권들이 박물관에 전시된 유품들로 남아 있어 방문객들의 볼거리가 되어 자유여행보다는 패키지 여행객들이 가이드의 안내에 따라 꼭 한 번 들르게 되는 곳이다.

City Hall Park, Broadway and Park Row South

　시청은 1812년 공식 개관되었는데 미국에서 가장 오래된 뉴욕시 정부의 행정업무 기관으로 건물 내 뉴욕시장의 집무실과 뉴욕시 의회의 회의소가 있다. 시청 건물 내 가이드 투어는 무료로 제공되지만 특정 업무용 방문을 제외하고 일반인의 시청 건물 출입은 제한된다.

　시티홀 파크에서는 연중 문화 행사가 진행되기도 하고 주변에는 세인트폴예배당(St. Paul's Chapel), 성피터교회(St. Peters Church), 울워스 빌딩(Woolworth Building)과 같은 기타 행정기관 등이 있어 사람들의 눈길을 끈다.

Charging Bull, Broadway & Morris Street

　돌진하는 황소상. 뉴욕 맨해튼 남쪽 뉴욕증권거래소 근처에 공격적으로 돌진하는 듯한 황소 동상을 볼 수 있는데, 미국 자본주의와 월가를 상징하는 명물이다. '세계 여성의 날'(3월 8일)을 하루 앞둔 2017년 3월 7일 새벽, 황소상 앞엔 두 손을 허리에 갖다 대고 황소상을 당당히 응시하는 '겁 없는 소녀(Fearlss Girl) 동상'이 세워졌다. 조각가 크리스텐 비르발이 제작한 이 작품은 아직 미국에 여성 임원이 늘어나지 않고 있는 추세로 '남성 중심의 월가와 대기업의 경영진에서도 남녀평등이 실현돼야 한다'는 의미를 담고 있다.

　이 소녀상은 당초 다음 달 2일 철거될 예정이었다. 그러나 뉴욕 관광객들 사이에서 큰 인기를 얻고, '이 동상을 존치시키라'는 시민 청원 운동에 3만명 가까운 시민이 동참하자 뉴욕시가 "내년 2월까지 동상을 철거하지 않겠다"는 결정을 내렸다고 뉴욕포스트는 보도했다.

　남녀평등한 관계, 인종차별이 존재하지 않는 편견 없는 세상, 우리 모두가 바라는 세상이 이닐까. 모두 한 마음으로 아름다운 세상에서 살기를 바라는 아시아인, 백인, 흑인이 아닌, 지구인 모두에게 화이팅을 외치고 싶은 하루다.

MOVIE OST
1 thing - Amerie

파인딩 포레스터
Finding Forrester, 2000

 가슴으로 쓰고 머리로 다시 써라!

    세상을 등진 남자와 세상으로 막 나오려는 소년. 두 사람의 아름다운 우정을 그린 이야기. 자말(롭 브라운)은 친구들과 호기심에 베일에 싸인 포레스터(숀 코넬리)의 아파트에 몰래 침입하는데 그만 실수로 가방을 놓고 나온다. 그로 인해 포레스터는 자말의 가방 속에서 노트를 발견하고 그의 뛰어난 글솜씨에 매우 놀라게 된다. 차갑고 괴팍한 노인인 포레스터는 문학적 재능을 지닌 자말을 문학 세계로 이끌기로 한다. 교내 테스트에서 자말의 문학적 재능이 드러나면서 자말은 맨해튼의 명문대 예비 학교에 농구 특기 장학생으로 스카우트된다. 자말은 자신의 가족과 삶을 나눈 고향 브롱스에서 나와 맨해튼의 명문 고등학교에 입학하게 되면서 새로운 세상으로 항해하기 시작한다.

Forrester's Apartment, 299 Park Avenue and 158th Street, South Bronx

뉴욕의 5개 자치구는 맨해튼, 브롱스, 퀸스, 스태이튼 아일랜드, 브루클린으로 구성되어 있다. 그 중 가장 범죄가 많고 위험한 지역으로 유명한 곳이 브롱스. 영화 속에도 브롱스 빈민가 아파트에 정체를 알 수 없는 한 남자가 살고 있다. 항상 커튼 뒤에 숨어 창가에서 밖을 내다보는 것이 전부. 그의 일상은 늘 그렇게 숨어 지내며 살아가는 게 전부다. '창가의 남자'라 불리는 남자가 바로 유명한 문학 작가 윌리엄 포레스터(숀 코넬리).

Mailor-Callow School, 686 Park Avenue and East 68th Street

    Mailor-Callow School. 이스트 68번가 파크 애비뉴에 위치한 명문 사립 고등학교. 외관은 전액 장학금을 제공하는 어퍼이스트 사이드의 Regis High School에서 촬영했다. 자말은 글을 잘 쓰는 덕분에 평가시험에서 좋은 성적을 거둬 명문 사립 고등학교에 장학금을 받고 다

닐 수 있는 기회를 얻게 된다. 하지만 자말의 뛰어난 재능을 시기한 크로포트라는 까다로운 선생님과 만나 갈등을 겪는다.

그러던 중 자말은 자신이 평소 읽었던 수십 권의 책의 저자가 곧 윌리엄 포레스터, 창가의 남자였다는 사실을 뒤늦게 알게 된다.

"글은 마음으로 쓰는 거야. 나중에 수정은 머리로 하고!"

이스트 68번가 파크 애비뉴의 이태리 문화원(The Italian Cultural Institute)을 배경으로 학교의 외관이 촬영되었다.

학교에서 표절 의혹으로 위기에 처하게 된 자말을 포레스터는 도와준다. 포레스터는 학교를 찾아가 자신이 바로 자말이 표절했다고 의혹을 받은 그 작품의 유명한 저자 윌리엄 포레스터임을 밝힌다. 인종과 나이를 뛰어넘은 노인과 한 소년의 우정과 서로의 꿈을 펼치게 도와주는 과정에서 문학이란 세계로 빠지게 만든 신이었다. 포레스터는 우연히 만난 빈민가의 한 흑인 소년에게 자신의 창작 기법을 전수해주고, 그를 통해 삶의 의미를 되찾게 되면서 마침내 현실세계로 다시 나오게 된 것이다.

참, 사람은 어떤 인연을 만나 인생이 어떻게 전환될 수 있는 계기가 될지 결코 알 수 없는 일이다. 후에 포레스터는 암으로 죽게 되는데, 자말에게 마지막 편지를 남긴다. 그리고 자신의 아파트 열쇠를 유산으로 물려준다.

"친애하는 자말에게.
한때 난 꿈꾸는 걸 포기했었다.
실패가 두려워서, 심지어는 성공이 두려워서.
네가 꿈을 버리지 않는 아이인 걸 알았을 때,
나 또한 다시 꿈을 꿀 수 있게 되었지.
계절은 변한다. 인생의 겨울에 와서야 삶을 알게 되었구나.
네가 없었다면 영영 몰랐을 거다!"

- 윌리엄 포레스터

MOVIE OST
Coffaro's Theme - Bill Frisell, Ron Miles, Curtis Fowlkes and Eyvind Kang

악마는 프라다를 입는다
The Devil Wears Prada, 2006

 왜 다들 호들갑이지? 이건 보슬비일 뿐이잖아!

〈악마는 프라다를 입는다〉는 2003년에 출판한 로런 와이스버거의 소설을 원작으로 하여 2006년에 개봉한 미국의 코미디 드라마 영화다. 이 영화에서는 강력한 패션 잡지사의 편집장인 미란다 프리슬리(메릴 스트립)와 그녀의 비서로 일하게 된 대학교 졸업생인 앤드리아 삭스(앤 해서웨이)가 주연이다.

앤드리아는 출근 첫날부터 긴급 비상사태로 새벽부터 불려가고 매일 야근을 한다. 여기에 24시간 울려대는 핸드폰과 매일 강도가 더해가는 미란다의 불가능한 지시는 앤드리아를 조여 오기 시작한다. 다른 런웨이 직원들처럼 패션과 다이어트에도 온통 신경을 써야 한다. 하지만 앤드리아는 본래의 꿈인 뉴요커지의 저널리스트가 되기 위해 런웨이에서 1년을 버티기로 결심한다.

Runway Magazine HQ, 1221 6th Avenue and West 49th Street

북미 개봉 10주년이 된 날이었다. 영화에서 악마 같은 패션지 편집장 밑에서 일한 어시스턴트 앤드리아 삭스를 연기한 앤 해서웨이는 이 날을 축하하며 인스타그램에 글을 올렸다.

"제 인생을 바꾼 영화에 대해 어떤 말을 더 할 수 있을까요?

고마워요, 〈악마는 프라다를 입는다〉 10주년을 축하합니다!"

(이 글로 인해 늙었다고 생각하지는 말길 바랍니다. 좋은 스타일은 영원하니까…)

6애비뉴에 위치한 The McGraw-Hill 빌딩은 Elias-Clark's 본사 로비와 외관이 촬영된 장소다.

Natural History Museum, Central Park West and 79th Street

　런웨이 잡지사 패션쇼 촬영 장소는 자연사 박물관. 이제 제법 회사에 적응하고 미란다의 비서로서 손색없이 일처리를 잘 해나가는 앤드리아는 멋지고 세련된 모습으로 미란다의 비서 수행 역할을 위해 패션쇼에 참석하게 된다.
　뉴욕 자연사 박물관은 1869년에 설립되었다. 세계 각지에 탐험가들을 파견하여 자료를 수집하여 식물학, 지질학, 인류학, 천문학, 어류학, 무척추동물학, 포유류학, 곤충학, 파충류학, 조류학, 고생물학 등 분야가 광범위하다. 소장품은 약 1600만 점이며, 화석마·공룡 등 화석동물과 남태평양의 민속학 자료가 유명하다.

Coffee Shop, East 16th Street and Union Square West

유니언스퀘어 광장 서쪽에 위치한 코너 카페. 관광객에게 유명한 곳은 아니지만 광장을 둘러본 후 커피나 드링크 한 잔을 위해 잠시 들렀다 가도 좋겠다.

유니언스퀘어 광장은 기존 공동묘지였으나, 1839년 공원으로 조성되었고 1872년 미국 조경 건축가 프레더릭 로 옴스테드(Frederick Law Olmsted)와 캘버트 보크스(Calvert Vaux)에 의해 다시 설계되었다. 첫 번째 노동절 시위와 지구의 날 행사 등과 같은 역사적인 행사가 진행되었으며, 현재까지도 다양한 문화행사나 정치적 행사가 진행된다. 공원 내에는 조지 워싱턴의 기마상, 에이브러햄 링컨과 마하트

마 간디의 동상이 있다.

   월, 수, 금, 토요일 오전 8시부터 오후 6시까지는 다양한 과일, 채소 등이 판매되는 그린 마켓이 열리는데 유기농 과일과 채소, 그리고 여러 가지 장식품 등 볼거리가 많아 특히 주말에 훌륭한 나들이가 될 수 있다.

   어퍼이스트 사이드 타운하우스. 미란다가 사는 렉싱턴 애비뉴에 위치한 럭셔리 아파트다. 완벽주의자면서 까다롭기로 소문난 미란다의 말단 비서인 앤드리아는 사적인 잔심부름까지 하는 등 고생이 말이 아니다. 앤드리아는 자신의 노력과 수고에 돌아오는 것이 미란다의 격려가 아닌 결과에 대한 문책이라 속상해 한다. 터질 것 같은 심정을 견디지 못하고 울음을 터뜨린 앤드리아는 아트 디렉터인 나이젤을 찾아가

Miranda's Townhouse, 129 East 73rd Street and Lexington Avenue

하소연 한다. 그때 그가 교훈이 되는 말을 남긴다.

"넌 노력하지 않았어! 넌 징징대는 거야! 정신 차려!"

앤드리아는 까다로운 미란다를 만족시키지 못하는 것은 불가능한 것이 아니라 자신이 노력하지 않았기 때문이라는 생각으로 바꾸고 최선을 다하기 시작한다.

"차선은 없다. 최선만이 있을 뿐이다!"

마지막 장면에서 일과 사랑의 선택에 기로에 서서 갈등하던 앤드리아는 결국 미란다에게 당신 같은 삶을 살 수 없다며 남들에게는 꿈의 직장이 될 수 있는 일을 버리고 여자로서 사랑받는 자유롭고 평범한 삶을 선택한다.

"한쪽이 잘되면 한쪽은 탈이 나지!
두 마리 토끼를 다 잡을 수는 없는 거야!"

MOVIE OST
Seven Days In Sunny June - Jamiroquai

이보다 더 좋을 순 없다
As good As it Gets, 1997

 당신이 날 더 좋은 남자가 되고 싶게 한 거야!

멜빈 유달(잭 니콜슨)은 강박증 증세가 심한 로맨스 소설 작가다. 뒤틀리고 냉소적인 성격의 멜빈은 다른 사람들의 삶을 경멸하며, 비열한 독설로 비꼰다. 길을 걸을 때 보도블록의 틈을 밟지 않고 사람들과 부딪히지 않으려고 뒤뚱뒤뚱거리는가 하면, 식당에서는 언제나 같은 테이블에 앉고 자신이 직접 준비해간 플라스틱 나이프와 포크로 식사를 한다. 이런 신경질적인 성격의 멜빈을 누가 감당할 수 있을까.

식당의 웨이트리스로 일하는 캐롤 코넬리(헬렌 헌트)만은 예외였다. 멜빈을 따뜻하게 대하는 그녀는 그의 신경질적인 행동을 참고 식사 시중을 들 수 있는 유일한 사람이다.

어느 날 사이먼이 강도들에게 구타를 당하자 멜빈이 사이먼의 애견, 버델을 돌봐야 하는 상황이 되었다. 처음엔 버델을 싫어하지만, 작은 반려견으로 인해 그의 얼음 같은 심장이 서서히 녹아내리기 시작한다. 그는 버델을 잘 돌볼 뿐만 아니라 사이먼과 캐롤의 개인적인 곤경에 대해서도 관심을 갖게 된다. 어느덧 멜빈은 자신 안의 인간미를 느끼게 되고 버델의 주인인 사이먼과 우정을 키우며, 따뜻하게 마음을 열어준 캐롤과의 로맨스도 시작한다.

멜빈이 강박증이 있어 레스토랑 앞 보도블록의 틈을 밟지 않기 위해 뒤뚱거리고 있는 모습을 캐롤이 안타깝게 바라보고 있는 신이 촬영된 곳은 브루클린의 프로스펙트 애비뉴 코너에 위치한 레스토랑 겸 카페.

Prospect Park West and Prospect Avenue, Brooklyn

Melvin's Apartment, 31-33 West 12th Street and 5th Avenue

　강박증과 결벽증에 시달리는 멜빈이 강아지를 키운다는 것은 상상할 수도 없는 일이다. 손으로 만지지도 못하는 사이먼의 애견 버델을 어떻게 자신의 집에서 돌볼 수 있을까. 하지만 어쩔 수 없이 멜빈은 버델을 보살피게 되고 점차 버델에게 애정을 느낀다. 버델을 사랑으로 잘 돌보는 자신을 발견한 멜빈은 따뜻한 마음이 자연스럽게 흐르는 감정을 느낀다.

　늘 다른 사람의 삶을 경멸하고 신랄한 독설로 비꼬던 멜빈이 그렇게 변해간다. 레스토랑에서 캐롤이 자신에게 진심 어린 칭찬을 해달라는 말에 멜빈이 남긴 명대사가 기억에 남는다.

그리고 큰 감동을 받은 캐롤의 기쁨을 감출 수 없는 신.
이보다 더 좋을 수 없다….

"난, 약을 정말 싫어해.
'증오'한다는 단어를 쓸 정도로 약을 싫어해.
하지만 당신이 찾아 온 날 밤,
그 다음 날부터 약을 먹기 시작한 거야."
"난 그게 칭찬인지 모르겠어요!"
"캐롤, 당신이 날 더 좋은 남자가 되고 싶게 한 거야."
"아마 그건 내 생애의 가장 큰 칭찬일 거예요."

MOVIE OST
I love you for sentimental reasons - Nat King Cole

맨 인 블랙 2
Men In Black II, 2002

 인간 개개인은 똑똑하지만 집단이 되면 우매하고 위험해진다네.

    Agent J(윌 스미스). 미연방 일급 비밀기관인 맨 인 블랙(MIB) 본부에서 지구에 침투한 외계인을 감시, 지구상의 모든 외계인 활동을 모니터링하고 치안을 관리한다. 그러던 어느 날 J는 뉴욕 근처에서 외계인 우주선이 지구에 침입했다는 보고를 받는다. 외계 생명체는 여성지 모델을 복제한 셀리나. 25년 전 MIB에게 당한 일의 복수를 위해 MIB 아지트에 침입한다. 그리고 곧 지구는 은하계의 전쟁에 휘말릴 위험에 처하게 되는데 불행히도 다른 MIB 에이전트는 J처럼 적극적이지 않다. J는 지구를 지키기 위해 함께 일했던 베테랑 요원 K의 빈자리를 크게 느끼며 그의 도움을 필요로 하고 K의 기억을 복구시키기 위해 온갖 애를 쓴다.

Empire Diner, 210 10th Avenue and West 22nd Street

    지난 6월, 햇살이 유난히 강하고 뜨거운 날. 정말 본격적인 여름을 실감하게 된 날이었다. 이날 엠파이어 다이너를 찾아 가기 위해 첼시 근처 열 블록도 더 걸었다. 사실 한 블록을 걷는 것도 유난히 힘겹게 느껴진 무더운 여름 오후였다. 오로지 선글라스 하나로 눈만 보호하고 따가운 햇볕에 노출되었던 날이었지만 첼시 빌리지 사이를 거닐며 내게 그늘을 만들어주었던 4층 건물의 예쁜 아파트와 나무 그늘이 나의 발걸음을 한층 더 가볍고 시원하게 해주었다. 그 길이 너무 반갑고 고마워 사진으로 담았다.

    그리고 엠파이어 다이너를 고생 끝에 찾았다. 첼시 주변이 그렇듯, 낡고 오래된 듯한 다이너였다. 그곳에서 키가 훤칠하게 크고 멋있는 한 여인이 문을 열고 나오는 모습을 보았다. 꼭 〈맨 인 블랙〉의 지구를 구하는 에이전트 주연을 맡아도 손색이 없을 것 같은 여인을 보며 마치 영화 촬영 세트장에 나와 있는 것 같은 느낌이었다.

　미국의 Diner란 곳이 다 그렇듯 첼시의 코너에 위치한 이 곳 또한 화려할 것도 없고 평범할 뿐인데 이날 엠파이어 다이너는 매우 특별해 보였다. 이 거리를, 이 빌리지를, 이 다이너를 와보니, 그제야 왜 〈맨인 블랙〉의 촬영 장소로 선택되었는지 알 수 있을 것 같았다. 왠지 다른 세계에서 다이닝을 즐기는 것 같은 느낌. 바로 그 특별함, 묘함 때문이라 생각한다.

Famous Ben's Pizza of Soho, 177 Spring Street, SoHo

그리니치 빌리지 한 코너에 평범한 듯 특별하게 자리한 피자집. 종이 접시에 피자 조각과 칼조네를 주로 제공하는 작은 규모의 노 프릴 피자집이다. 〈맨 인 블랙〉, 〈섹스 앤 더 시티〉 영화 포스터가 윈도우에 붙여 있는 것을 볼 수 있다. Take out으로 많이 오더한다.

MOVIE OST
Orion's Belt - Cat Stinger

라스트 러브 인 뉴욕
Griffin & Phoenix, 2006

 지금 당장은 당신과 있는 게 답이야.

　헨리 그리핀(더모트 멀로니)은 전문의로부터 시한부 인생을 선고받는다. 암으로 단지 1년 밖에 살 수 없다는 것. 선선한 바람이 가슴을 스치는 가을 뉴욕에서 이 엄청난 소식을 접한다. 그는 1년 동안 병원에서 치료받으며 지내는 것보다는 마지막 날까지 자유로운 삶을 즐기기로 한다. 뉴욕대학에서 소설을 쓰기 시작하고 심리학 수업을 받는 등 자신이 하고자 하는 일을 시작한다. 이 수업을 들으면서 그리핀은 사라 피닉스(아만다 피트)를 만난다. 피닉스는 그리핀에게 가끔 호감이 있다는 신호를 보내기도 하고, 초면에 데이트 신청을 하기도 한다.

26 New Dock Street, Brooklyn

브루클린교 아래에서 일출을 보며 함께 밤을 지새우기도 하고, 두 사람은 모험심과 어린아이 같은 활동을 서슴지 않는다. 영화관에 몰래 들어가고, 일출까지 커피를 마시고, 철도 차량을 뛰어다니는 등 설렘 가득한 데이트를 즐긴다. 그러던 중 피닉스가 말기 질환으로 고통받고 있다는 사실을 밝히면서 그들의 관계는 더욱 깊어진다. 코니 아일랜드의 아름다운 풍경을 보러 가고, 센트럴파크도 산책하며, 마지막 순간을 함께 보내기로 한다.

그리핀과 피닉스는 그들의 마지막을 최대한 완벽한 모습으로 기억해주기로 약속하고 아름답게 마무리하며 살아가려 노력하면서 끝까지 함께 시간을 보내는 슬픈 이야기다. 맨해튼교와 브루클린교 사이의 공원에서 그리핀과 피닉스는 밤을 꼬박 새고 벤치에 앉아 커피를 마시며 함께 시간을 보낸다.

Columbia Heights and Middagh Street, Brooklyn

맨해튼은 세계적으로 인기 있는 도시이자 섬이기 때문에 공간이 한정돼 있어 주거비가 살인적이다. 맨해튼의 집값은 아직도 계속 치솟고 있어 요즘 젊은 뉴요커들은 맨해튼 탈출을 추세적으로 시도하고 있다. 최근 밀레니엄세대라고 불리는 20, 30대의 뉴요커들이 선호하는 지역으로 계속해서 떠오르고 있는 지역이 바로 브루클린. 맨해튼에서 다리 하나만 건너면 되고 지하철로 쉽게 이어지며 정작 맨해튼 안에서는 볼 수 없는 환상적인 뉴욕 야경을 바라볼 수 있다. 윌리엄스버그, 브루클린 하이츠 등은 젊은 세대들에게 맨해튼에 비해 감당할 수 있는 수준의 렌트비를 내고도 맨해튼에 사는 것처럼 즐길 수 있는 최고의 지역이다.

이 영화 속에 등장하는 브라운스톤 아파트는 맨해튼이 아닌 브루클린 하이츠에서 촬영되었다. 브루클린에서 가장 부촌으로, 이 곳에 사는 사람들은 그만큼 자부심이 크기 때문에 '난 브루클린에 산다'고 말

하지 않고 '브루클린 하이츠에 산다'고 꼭 말하곤 한다. 이 장면이 촬영된 장소 '워치타워' 건물은 여행객들이 시계탑 건물이라고 생각하기도 하며 한 번쯤 궁금해하는 건물이다. 뉴욕 여행을 하다 보면 브루클린교를 배경으로 워치타워 빌딩이 눈에 띄는데 이곳이 바로 덤보 지역과 브루클린하이츠의 부촌에 근접한 곳이다.

뉴욕=AP/뉴시스 기사에 따르면 비영리기관 여호와의 증인 종교 단체가 뉴욕 브루클린에 있는 본부 건물을 약 100년간 사용해 왔고, 주력 출판물인 'Watchtower'를 상징하는 간판이 뉴욕 복합관 옥상에 설치돼 있다. 하지만 본부를 뉴욕 북부에 있는 도시로 옮기면서 면적 6만 8,100㎡의 이 부지에는 아파트와 상업건물들이 들어설 예정이라고 한다.

MOVIE OST
Breathe (2AM) - Anna Nalick

그 여자 작사 그 남자 작곡
Music And Lyrics, 2007

     어떤 소설도 음악만큼 즉각적으로 사람들을
행복하게 만들 순 없죠. 랄라라~

    알렉스(휴 그랜트)는 80년대 최고 인기를 누리던 팝스타. 하지만 이제 퇴물 취급을 받는 그에게 어느 날 인기 최고의 스타 코라 콜만으로부터 듀엣 제안을 받게 된다. 재기할 수 있는 기회지만 둘이 함께 부를 노래를 알렉스가 만들어야 한다는 조건. 알렉스는 이미 작곡에서 손 뗀지 오래되었고 작사는 해본 적도 없어 고민하는데, 알렉스 집 화초를 가꿔주는 수다쟁이 소피(드류 베리모어)가 구세주처럼 그에게 등장한다. 시끄럽기만 하던 소피의 이야기가 하나 같이 주옥같은 노래 가사가 되고, 알렉스는 인생 최고의 히트송을 작사에 뛰어난 재능을 보인 소피와 함께 만들 수 있을 것 같은 예감에 소피에게 동업을 제안한다.

Faust Harrison Pianos, 202 West 58th Street and 7th Avenue

맨해튼 미드타운에 위치한 피아노 스토어. 줄리어드음대, 링컨센터와 카네기 홀이 가까운 거리에 있어 악기 스토어가 종종 보인다. 이곳에서 촬영된 알렉스와 소피의 모습이 사랑스럽다. 수다스러운 소피의 말을 귀엽다는 듯 바라보는 알렉스의 눈빛이 참 순수하고 매력적이다.

"멜로디는 누군가를 처음 보는 느낌과 같아요.
그러다 서로를 알게 되면 그게 가사에요.
가사와 멜로디가 만나 환상적인 마법을 이루죠."

Madison Square Garden, 4 Pennsylvania Plaza, 8th Avenue & 33rd Street

　매디슨 스퀘어 가든, "MSG" 또는 단순히 "가든"이라고 불리는데, 뉴욕시 맨해튼 자치구의 다목적 실내 공연장이다. 맨해튼 미드타운의 31번가에서 33번가까지 7애비뉴에서 8애비뉴 사이 펜실베니아 역 코너에 위치하고 있다. 프로 농구, 아이스하키, 복싱, 콘서트, 아이스 쇼, 서커스, 프로 레슬링 및 기타 스포츠 엔터테인먼트용으로 사용된다. 엠파이어 스테이트 빌딩, 코리아타운 및 헤럴드 스퀘어(Herald Square)의 메이시 백화점(Macy's)과 같은 미드타운 명소들과 가까운 위치에 있다. 세계적인 대중음악 스타들만 선다는 꿈의 무대인 이 공연장에서 2006년 가수 비도 공연을 하였다. K-Pop 아이돌의 콘서트도 매디슨 스퀘어 가든 공연장에서 열리는 것을 볼 수 있다.

Book Shop, 206 Mercer Street and Bleecker Street

맨해튼 거리엔 아담하고 코지한 로컬 서점들이 많다. 맨해튼 곳곳에 크고 작은 서점들이 로컬 뉴요커들의 작은 쉼터가 되고 있다. 대형 서점이 물론 편리하겠지만 로컬 사람들에게 이렇게 아담한 서점이 인기다. 특히 보헤미안의 고향, 그리니치 빌리지 서점이라니.

MOVIE OST
Way Back into Love - Hugh Grant and Barrymore

어느 멋진 날
One Fine Day, 1997

*더 가슴 아픈 건,
저 아이가 우는 대신 밖에서 저렇게 붕어 입을 하고
웃고 있다는 거예요.*

샘미의 어머니인 멜라니 파커(미쉘 파이퍼)는 홀로 아들을 키우며 살아가는 이혼한 직장 여성. 잭 테일러(조지 클루니)는 데일리 뉴스지의 칼럼을 쓰는 기자이자 이혼남. 남자들에게 실망만 해온 멜라니는 다시는 남자를 사귀지 않겠다고 다짐한 여인이고 잭 역시 여자들을 단지 가벼운 데이트 상대로만 생각하며 지낸다. 하지만 두 남녀의 아이들이 같은 학교에 다니는 관계로 인연이 되어 우연한 만남을 갖게 된다.

영화 속 비 내리는 뉴욕을 배경으로 나탈리 머천드의 「One Fine Day」재즈 멜로디가 감미롭게 흐른다. 하루 종일 비가 부슬부슬 내리는 오후 뉴욕의 회색 빛 도시에서 설렘 가득한 일이 영화같이 다가올 것 같은 어느 멋진 날. 은은한 재즈 음악이 너무 잘 어울릴 것 같은 날, 초콜릿같이 달콤하게 마음을 녹여줄 영화.

Bethesda Terrace, Mid-Park at 72nd Street, Central Park

베데스다 분수는 센트럴파크 중심에 위치한다. 분수는 베데스다 연못을 모델로 했으며, 물의 천사(Angel of the Waters)라 불리는 청동상은 1873년 세워졌다. 청동상 왼손에 백합을 들고 있는 것을 볼 수 있는데, 물의 순도를 나타내는 상징으로 오래전 치명적인 콜레라 전염병으로 고통 당했던 도시에 매우 중요한 의미가 담겨있다고 한다. 그 아래 네 명의 어린이 조각상이 있는데 이것은 평화, 건강, 순수, 절제를 상징한다. 이곳은 웨딩 촬영 장소로도 많이 이용되고, 다양한 공연으로 거리 예술 가들의 무대로 사용되기도 한다.

베데스다 분수 센트럴파크 풍경, 사계절 내내 설렘 가득한 산책이 아닐 수 없다.

아, 나 여행 중이구나.

Pier 83, West 42nd Street & 12th Avenue

　Circle Line. 타임스퀘어에서 매우 가까운 거리에 있다. 타임스퀘어에서 서쪽 끝, 허드슨강이 보이는 12애비뉴까지 산책하다 보면 Circle Line이란 간판이 정면으로 크게 보인다.

　영화 속에서도 흐린 날이었는데, 나 또한 계획하지 않았지만 날씨가 흐리던 날 오후 유람선을 탔다. 허드슨강의 내음을 맡고 깊은 호흡을 하며 시원한 바람이 내 뺨을 스칠 때 그저 이 도시를 느낀다. 그리고 날이 좋을 땐 허드슨강에서 시시각각 색깔이 변해가는 하늘, 일몰

21 Club, 21 West 52nd Street, btw 5th and 6th Avenues

녘 황금물결을 만난다. Circle Line. 화려하진 않지만 소소하게 뉴욕이란 도시를 느낄 수 있는 추억을 만들어 볼 수 있는 것만큼은 분명하다.

미쉘 파이퍼가 클라이언트와 미팅을 위해 찾았던 클럽이다. 영화처럼 실제로 이곳은 비즈니스 관계로 많이 찾는 레스토랑 같았다. 가족이나 친구 연인이 아닌 슈트를 입은 신사들이 격을 갖추고 서로 악수하며 입장하는 모습을 볼 수 있었다. 이 날 매우 친절하던 도어맨이 인상 깊었다. 레스토랑 외부에 주르륵 서있는 조형물도 소개해 주고. 〈섹스 앤 더 시티〉에서 제시카 파커가 바룸에서 크리스와 함께 저녁 식사하는 장면, 〈투 포 더 머니〉의 알 파치노와 매튜가 비즈니스를 논하는 장소로도 촬영된, 여러 영화 속에 등장하는 유명한 레스토랑 겸 바로 운영되고 있는 클럽이다. 이 클럽은 캐주얼 차림으로 어울리지 않는 분위기이고, 미리 예약은 필수!

MOVIE OST
One Fine Day - Natalie Merchant

내 니 다이어리
The Nanny Diaries, 2007

**대부분의 인류학자들이 얘기하길,
사람은 자아를 찾기 위해서 자신이 익숙하지 않은
세계에 들어가 봐야 한다고 말했다.**

 '애니'(스칼렛 요한슨)는 엄마 그늘에서 벗어나 용돈을 벌기 위해 뉴욕 상류층 자녀를 봐주는 내니 일을 시작한다. 하지만 뉴욕 최고 상류층 집안의 아이 돌보는 일이 결코 만만치 않다. 도저히 감당하기 힘든 뉴욕 정통 럭셔리 부인과 신경전도 골치다. 첫날 아침부터 시작된 부인의 지시. 티파니에 들러서 손목시계를 찾고, 네 살짜리 골칫덩어리 아들 그레이어의 초등학교 입학을 위한 서류를 준비하고, 라틴어, 프랑스어, 수영 등 과외 시간 체크에 명품 옷 크리닝까지 케어하다 보면 하루가 48시간이라 해도 부족한 상황. 하지만 그레이어와 친구가 되며 상류층에서 느낄 수 없는 소박하고 따뜻한 마음을 아이와 함께 나눈다.

Conservatory Water Central Park, from 72nd to 75th Street

"당신 자신을 위하는 것 때문에
그레이어라는 어린 멋진 친구와 함께 시간을 보내는 것을
소홀히 하지 마세요."

    Conservatory Water는 이스트 74번가 맞은 편, 5애비뉴 센트럴파크 중심에 자리하고 있다. 19세기 후반 파리의 모형 보트 연못에서 영감을 얻은 Frederick Law Olmsted와 Calvert Vaux가 Conservatory Water에서 9가지 종류의 참나무와 특별한 볼거리와 더불어 무선 조정 보트를 대여할 수 있는 곳으로 어린이 어른 모두 즐

Candy Shop, 1226 Lexington Avenue and East 83rd Street

길 수 있는 장소로 만들었다. 이곳에 동화의 아버지 안데르센의 동상과 이상한 나라의 앨리스 동상이 있는데 어린 아이들이 신나게 뛰어노는 놀이터로 이용되기도 한다.

"애정 어린 관심은 한 문화를 바꿀 수 있다는 것…."

최고 상류층으로 살아가는 그래이어의 어머니는 음식 선택도 까다롭다. 그레이어에게 사탕이나 군것질은 일절 하지 못하게 하는데 애니는 버터가 듬뿍 들어 있는 잼, 초콜릿 등을 그레이어에게 주고 캔디숍에도 같이 간다.

렉싱턴 애비뉴에 위치한 캔디 숍. 1975년 〈3 Days of the Condor〉에서 로버트 레드포드가 출연한 영화에 촬영된 장소이기도

하다. 1925년에 설립되어 과거에는 로컬 뉴욕 시민들의 아지트로 꽤 유명한 장소였다고 한다. 메뉴는 여러 종류의 드링크와 케이크, 샌드위치, 토스트, 펜케이크, 샐러드, 아이스크림과 디저트 등이 있다. 과거 추억을 떠올리고 싶은 어퍼이스트 사이드 로컬 뉴요커들에게 아직까지도 인기가 많고, 3세대의 가족 및 파트너를 통해 지속적으로 운영되고 있다.

"그레이어. 난 너의 영원한 내니가 될 순 없어.
하지만 너의 영원한 친구는 될 수 있단다."

MOVIE OST
Shine - Laura Izibor

설리: 허드슨강의 기적
Sully, 2016

 나 혼자가 아니라 우리 모두였습니다. 모두 같이 해낸 겁니다. 우리 모두가 살았어요.

"Sully"(Tom Hanks)라는 별명을 가진 Captain Chesley Sullenberger가 비행기를 허드슨강에서 추운 겨울 날 비상 착륙하면서 탑승객 전원의 생명을 구하는 "허드슨강의 기적"을 이루어낸 감동적인 실화. 하지만, 기적을 이루어낸 설리가 전례 없는 항공 기술에 대한 언론에 의해 그의 명성과 경력을 파괴하겠다고 위협하는 조사가 진행된다.

클린트 이스트우드가 제작 및 감독, 토드 코마니키가 각본을 맡았고 US 에어웨이스 1549편 불시착 사고와 사건의 주인공인 기장 체슬리

Hudson River

"설리" 설렌버거를 이야기 소재로 삼았다.

   2009년 1월 15일,

   1,200여 명의 구조대원과 7척의 출근 보트가 US 에어웨이스 1549편 승객과 승무원 155명을 전원 구조했다.

그리고,
모두 하나로 뭉쳐 기적을 이루는데 걸린 시간은 단 24분.

허드슨강에 불시착한 비행기에서 빠져나와 죽음의 공포로 떨고 있는 승객을 배에 태우며 구조되는 가운데 기장의 단 한마디.

   "오늘은 아무도 죽지 않습니다."

실제로 구조된 장면이 촬영된 곳은 뉴욕 허드슨강이 아닌, Falls Lake, Backlot, Universal Studios, Universal City라고 한다. 허드슨강의 배경을 세팅하여 촬영되었다.
　영화 속 NY Waterway가 도움을 주기 위해 협동하는 장면이 있는데, 실제로 허드슨강에서 맨해튼과 뉴저지를 이동하는 교통수단으로 직장인들이 출퇴근 시간에 많이 이용하고 터미널은 여러 곳에 있다. NY Waterway는 짧은 시간에 신속하게 이동할 수 있는 장점이 있다.

　위급 상황을 승객들에게 숨기지 않고 알려주는 기장.

LaGuardia Airport, Grand Central Pkwy, East Elmhurst

"충격에 대비하세요!"

라구아디아 공항은 미국 뉴욕 주 뉴욕 퀸스 카운티(Queens County)에 있는 국제공항이며 거리상으로는 뉴욕 중심부인 맨해튼에서 약 13㎞정도 떨어져 있다. 라구아디아 공항은 1939년 문을 열었고 라구아디아라는 이름은 공항 설립을 주도했던 당시 뉴욕 시장 피오렐로 라구아디아 (Fiorello LaGuardia)에서 딴 것이다. 판사 출신의 라구아디아는 1934년부터 뉴욕 시장을 세 번이나 역임한 인물이다. 청렴하면서도 나눔과 기부 문화를 확산시켜 많은 존경을 받았다고 한다.

Waterside Plaza, Near East 28th Street and East River

　맨해튼 이스트 강변에 위치한 전망 좋은 Waterside Plaza 아파트 콘도미니움. 아파트 단지 내 테라스가 있어서 참 좋다. 퀸스보로 다리 전망 강변 테라스에 앉아 아파트 주민들이 아이들과 산책도 하며 벤치에 앉아 독서를 즐기며 쉬기도 한다. 하루는 이곳에서 이스트 강을 바라보며 벤치에 잠시 몸을 기대고 앉아 고개를 들어 하늘을 보았다. 하늘색이라 한건 바로 이런 색깔인 거야. 흰 구름이 아슬아슬하게 덮인 청명하게 빛나던 코발트빛 하늘은 마치 블루 토파즈 보석처럼 눈부시게 아름다운 빛을 띠고 있었다. 이 풍경은 사진보다 내 눈에, 가슴에 담고 싶었다….

Ed Sullivan Theatre, 1697 Broadway, btw West 53rd and 54th Street

　Ed Sullivan Theatre 에드 설리번 극장. 맨해튼의 극장 지구(Theater District)에서 웨스트 53번가와 웨스트 54번가 사이 브로드웨이에 위치한다. 이 극장은 1936년 이래로 라이브 및 CBS 녹화 방송을 위한 장소로 사용되었다. David Letterman과 함께 하는 'late show'가 유명하다.

　마지막 장면에서 미국 연방 교통안전위원회 The National Transportation Safety Board(NTSB) 조사를 모두 마친 후, 기장님이 없었다면 실패했을 거란 수사관의 말에 설리가 남긴 명대사가 모두의 가슴을 울렸다.

　　"그렇지 않습니다. 저 혼자가 아니라 우리 모두였습니다.
　　승객들, 구조대원들, 관제탑, 보트선원들, 수상 경찰들.
　　모두가 같이 해냈습니다."

그리고, 부조종사 제프 스카일스(아론 에크하트)가 전원 구조되는 것을 보고 남긴 말.

"오늘같이 뉴욕이 좋았던 적이 없어요!"

MOVIE OST
Flying Home (Sully's Theme) - The Tierney Sutton Band

폴링 인 러브
Falling In Love, 1984

 커피나 한 잔 하려고 했는데 생각해보니…
시간이 된다면 점심을 같이하는게 어때요?
내 말은, 당신 매우 아름다우세요.

    1984년 개봉된 미국의 로맨틱 드라마 영화. 로버트 드 니로(프랭크 라프티스)와 메릴 스트립(몰리 길모어)이 주연으로 출연했으며 감독은 울루 그로스바드(Ulu Grosbard). 아버지 존을 간호하기 위해 가는 길이던 몰리와 출근길이던 건축기사 프랭크는 맨해튼 행 열차에서 처음 만나 친구가 된다. 각자 가족과 어려운 일들을 겪게 되는 가운데 우연히 만나 함께 시간을 보내게 되는데 뉴욕시에 도착해 커피 또는 점심 식사를 하며 결국 사랑에 빠지는 이야기.

Grand Central Terminal, 89 East 42nd Street and Park Avenue

두 남녀가 함께 이야기를 나누는 장면이 촬영된 그랜드 센트럴 터미널. 미드타운 맨해튼 파크 애비뉴(Park Avenue) 42번가에 있는 세계 최대의 기차역이다. 44개 플랫폼과 67개 노선을 보유하며, 기차, 지하철, 자동차 등의 교통수단을 연결하는 뉴욕 교통의 상징적인 건물이다.

기차역이라고 하기엔 클래식하고 화려한 내부 인테리어로 마치 오페라를 보기 위해 온 느낌이 들 정도다. 현재의 위치에 처음 세워진 기차역은 1896년 여러 철도 회사를 소유하고 있던 코넬리어스 밴더빌트(CorneliusVanderbilt)가 지은 증기기관차 역이었으나 증가하는 교통량과 증기 문제 때문에 새로운 기차역의 필요성이 대두하여 1913년 리드(Reed) & 스팀(Stem), 워렌(Warren) & 웨트모어(Wetmore) 건설 회사가 현재와 같은 형태의 기차역을 완공하였다.

    일일 약 660대 가량의 기차가 운행되고 하루 약 50만 명 이상이 방문하며, 약 12만 5천 명의 통근자가 이용한다. 보자르(Beaux-arts)양식 건물로 중앙홀의 천장에는 12궁 별자리 장식이 있다. 중앙홀로 연결된 계단은 파리 오페라 빌딩(Opera building) 계단 양식에 따라 디자인되었다. 안내소에 있는 대형 시계는 기차역을 상징하는 아이콘이자 만남의 장소로 유명하다. 중앙홀 지하에는 음식점과 쇼핑센터들이 있다. 실제로 엄청난 인파가 지나가는 것을 볼 수 있는데 이들 중 여행자들도 상당 부분 차지한다. 독특하고 우아한 형식의 인테리어 내부를 둘러보기 위해서도 많이 찾고 유명 레스토랑과 맛집도 있다.

    뉴욕에서 유학 중 하루는, 한국에서 잠깐 방문하신 부모님을 모시고 그랜드 센트럴 터미널 Oyster Bar Restaurant을 찾았다. 부모님께 저녁을 대접해 드렸던 좋은 추억이 아직도 생생하다. 그랜드 센트럴 주변에서 맛집을 찾는다면 꼭 추천하고 싶다.

MOVIE OST
Mountain Dance - Dave Grusin

스파이더맨
Spider-man, 2002

 힘이 있으면 그만큼의 책임이 따른다.

〈스파이더맨〉은 샘 레이미가 감독한 2002년 미국의 슈퍼히어로 영화이다. 촬영은 2001년 1월 8일부터 6월 30일까지 로스앤젤레스와 뉴욕에서 진행되었고, 2002년 5월 3일에 미국에서 개봉되었다. 영화는 개봉 첫 주말에 1억 달러를 돌파했다. 만화를 원작으로 한 가장 성공한 영화이다. 또한 샘 레이미 감독의 〈스파이더맨〉은 배우 캐스팅과 스토리, 완성도에 있어 원작 만화를 충실하게 그려냈다는 평을 받으며 5년 동안 3부작으로 제작되어, 2004년 〈스파이더맨 2〉, 2007년 〈스파이더맨 3〉가 차례로 개봉되어 큰 인기를 끌었다.

평범하고 내성적인 학생 피터 파커. 그가 우연히 유전자가 조작된 슈퍼거미에 물린다. 그 후, 피터의 손에서 거미줄이 튀어 나오고 벽을 기어오를 수 있는 거미와 같은 능력을 갖게 된다. 피터는 짝사랑하던 메리 제인의 관심을 끌기 위해 멋진 스포츠카를 구입하는데 초능력을 처음 사용한다. 그러다 사랑하는 삼촌 벤의 죽음을 계기로 엄청난 힘에는 그 만큼의 책임이 동반된다는 사실을 깨닫는다.

Columbia University, 116th Street & Broadway

　컬럼비아대학교 캠퍼스(Columbia University in the City of New York). 컬럼비아대학은 미국 동부 8개 명문 사립대학인 아이비리그에 속한다. 세계의 중심 도시인 뉴욕의 맨해튼에 있어 광범위한 국제 정치·경제 정보를 가깝게 접할 수 있는 큰 장점이 있다. 세계에서 가장 영향력 있는 언론사들과 미술, 음악, 문화센터 등이 대학 주변을 둘러싸고 있다.

　컬럼비아대학교의 메인 캠퍼스는 맨해튼 모닝사이드 하이츠에 위치해 있는데, 1754년 영국 왕 조지 2세의 칙허장(royal charter)에 의해 킹스 칼리지(King's College)로 설립되었다. 하버드대학교, 윌리엄앤메리대학교, 예일대학교, 프린스턴대학교 다음으로 미국에서 다섯 번째로 오래된 고등교육기관으로 뉴욕 주에서는 제일 오래된 고등교육기관이다.

　컬럼비아대학교 교훈, 그대의 빛으로 우리가 빛을 보리라!

175 5th Avenue, btw 22nd and 23rd Street

　플랫아이언 빌딩(Flatiron Building)은 보자르 건축 양식의 삼각형 22층 마천루이다. 1902년에 완공되면서 1909년까지 뉴욕시에서 가장 높은 건물 중 하나였다. 건물은 매디슨 스퀘어(Madison Square)의 남쪽 23번가 5애비뉴 및 브로드웨이의 삼각지대에 있다.

　설계 당시 원래 이름은 풀러 빌딩(Fuller Building)이었으나, 건물 모양이 다리미 같다고 해서 플랫아이언이라는 현재 이름이 붙여진 것이다. 참 이름 그대로 신기할 정도로 플랫한 빌딩이다. 이렇게 특이한 플랫 빌딩은 관광 명소가 되었고 건물 주변은 Flatiron District라고 불리게 되었다.

Roosevelt Island Tramway, E 59th Street & 2nd Avenue

    루스벨트 아일랜드 트램웨이는 맨해튼과 루스벨트 섬을 연결하는 공중 케이블카. 북아메리카 유일의 공중 통근 케이블카이다. 맨해튼 야경을 감상할 수 있고 불빛이 특히 아름다운 퀸스보로 다리 옆을 지나 운행되고 있다. 1976년 개통된 교통수단으로 로컬 뉴요커들이 많이 이용하지만 도시 전경을 감상하기 위해 여행객들도 자주 찾는다.

MOVIE OST
When It Started - The Strokes

당신에게 일어날 수 있는 일
It Could Happen to You, 1994

 약속은 약속이야.

찰리 랭(니콜라스 케이지)은 이웃에게 도움을 주려 하는 따뜻한 마음을 지닌 뉴욕 경찰로 어느 날 4백만 달러의 복권에 당첨된다. 찰리의 아내 뮤리엘(로지 페레즈)은 남편과 완전히 반대. 그녀는 점점 더 많은 돈에 욕심을 내며 찰리의 정직하고 친절한 본성에 감탄하지 않는다. 한편 작은 커피숍의 마음씨 착한 웨이트리스 이본(브리짓 폰다)은 헤어진 남편 때문에 마침 파산 선고를 받았다. 근심 가득한 이본의 얼굴을 보고 천성이 착한 찰리는 당첨된 복권으로 이본을 도와준다.

New York County Supreme Court, 60 Centre Street

영화 속 촬영지는 맨해튼 Civic Center 지구에 위치한 뉴욕주 대법원 건물. 원래 'New York County Courthouse'로 불렸다. 뉴욕주 대법원은 뉴욕주 재판 법원이며 뉴욕주 62개 카운티마다 대법원이 있다. 주로 다른 지방의 '지방 법원', '상급 법원' 또는 '회로 법원'과 동등한 재판 법원이다. 뉴욕주의 최고 법원은 '항소 법원'이라고 한다.

불평 불만하지 않고 매사에 감사함을 나타내며 살아가야 한다고 믿는 이본과, 늘 이웃과 나누며 약속은 꼭 지켜야 한다고 믿는 찰리의 동화 같은 사랑 이야기.

이 세상엔 아직도 착한 '사마리탄'과 같은 사람들이 존재한다. 잠언의 한 구절에, "진정한 친구는 사랑이 끊이지 않고 위급한 때를 위하여 났다"는 말씀이 있다. 예수의 비유에서, 반쯤 죽은 상태에 있는 유대인 동료를 외면하고 지나치는 사람들이 있었지만, 사마리아인(사마리탄)은 불편을 감수하면서까지 그를 치료해주고 도와주었다는 기록을 볼 수 있다. 이 비유는 오랜 세월 동안 여러 문화권의 많은 사람에게 깊은 감동을 주었다.

동정심, 그것은 인간이 느끼는 사랑의 감정 중 가장 깊은 곳에서부터 비롯된 것이라 생각한다. 동정심의 의미를 전달하는 히브리어 단어들 중 하나는 동사 '하말'인데, 그것은 '아끼다'를 의미한다. 이런 사전적 의미도 있듯이 사랑은 아껴주는 동정심을 느끼는 것이라 생각한다.

> "오늘밤, 뉴욕 포스트에서 십 년째 사진기자를 하는 저는
> 극단적인 상황에서도 너그러움을 베푸는 모습을 볼 수 있었습니다.
> 가장 힘든 시간에도 듬직한 경찰과 마음씨 고운 이반 비아시 양은
> 나에게 한 그릇의 따뜻한 수프를 나누어 주었습니다.
> 선한 사마리탄들은 내가 떠날 때, 나에게 돈까지 주었습니다.
> 더 많이 못 줘 안타까워하며…."

MOVIE OST
It Could Happen To You - Overture, Carter Burwell

부록

# 저자가 알려주는 팁!

도시의 탁 트인 전경
루프탑에서 즐기기!
―

　뉴욕 여행을 계획할 때 엠파이어 스테이트 빌딩과 록펠러 센터의 전망대를 꼭 생각할 것이다. 하지만, 늘 찾는 관광객들로 붐비기 때문에 전망대에 오르기 전에 벌써 지칠 수 있다. 맨해튼에서 뉴욕의 전망과 아름다운 도시의 야경을 감상하기 위해 로컬 뉴요커들이 찾는 곳은 바로 루프탑! 시원한 맥주나 칵테일 한 잔 15불만으로 루프탑 바에서 뉴욕의 아름다운 야경을 감상할 수 있다.

　추천하는 루프탑은 'The Press Lounge'이다. 허드슨강의 뷰가 있어 센치하고 더 운치 있는 도시의 야경을 느낄 수 있다. 타임스퀘어에서 가깝고 맛집으로 유명한 헬스 키친 지구 인근에 위치하기 때문에 낮에 타임스퀘어를 둘러보고 저녁 식사는 헬스 키친 거리의 맛집에서, 그리고 해가 질 무렵 The Press Lounge 루프탑에서 아름다운 석양과 도시의 화려한 금빛 야경까지 모두 만끽해보길!

주소
653 11th Ave 16th Floor
운영 시간

일요일 5pm~12am

월요일 & 화요일: 5pm~1am

수요일 & 목요일: 5pm~2am 금요일 & 토요일: 5pm~3am

DRESS CODE

정장 차림은 꼭 아니어도 되지만 드레스 코드가 요구된다. 아래와 같은 차림은 입장이 불가능하니 참고하자. 단정한 새미 캐주얼 정도 생각하면 된다.

- 비치웨어, 플립플롭 슬리퍼, 캡모자, 찢어진 옷, 탱크탑과 티셔츠

브로드웨이 뮤지컬 티켓,
제 값 다 내지 말고 할인받고 구매하기!

뉴욕에 가면 브로드웨이 뮤지컬 한 번쯤은 꼭 보길 원한다. 하지만 비싼 금액으로 티켓을 구매한다면 손해! 온라인으로 디스카운트 티켓을 미리 구매할 수 있는 사이트가 많다. 그리고 시간적으로 여유가 있다면 브로드웨이 박스오피스에 직접 가서 당일 Rush Tickets 문의하면 꽤 많이 할인된 금액으로 좋은 자리를 예매할 수 있다.

참고 사이트

https://www.broadwaybox.com
사이트 중간 상단에 보면 get discount alerts라는 박스가 있다. 그 곳에 sign up 하면 매일 디스카운트 되는 뮤지컬 티켓 정보를 메일로 받아 볼 수 있으니 참고 하자.
또한, https://metropolitanopera.eventticketscenter.com 사이트에서는

다양한 장르의 공연을 이벤트로 세일하는 티켓을 구매할 수 있다. 맨해튼 여행 중 뉴욕 필하모닉 오케스트라와 메트로폴리탄 오페라 공연 꼭 관람하기

박물관 기부금으로
혹은 무료로 투어하기!

뉴욕 여행 중 박물관 관람은 결코 포기하지 말자. 이 또한 선택이 아닌 필수! 뉴욕의 박물관은 대부분 기부 형태나 무료입장이 가능하다. 아래 참고해보길 바란다.

〈Metropolitan Museum of Art〉
입장료
성인 $30, 어르신 60세 이상 $22, 학생 $17, 어린이 12세 이하 무료
위치
1000 5th Avenue (82nd Street)
운영 시간
일요일~화요일, 목요일 10am~5pm
금요일, 토요일 10am~9pm

〈Solomon R. Guggenheim Museum〉
입장료
성인 $25, 어르신 65세 이상 $18, 학생 $18, 어린이 12세 이하 무료, 장애인 $18
위치

1071 5th Avenue (89th Street)

운영 시간

일요일~월요일 11am~6pm

수요일~금요일 11am~6pm

토요일 11am~8pm

토요일 오후 6시부터 8시까지 원하는 만큼만 지불하고 입장할 수 있다.

⟨The American Museum of Natural History⟩

입장료

성인 $23, 어린이 $13, 학생 $18, 어르신 60세 이상 $18

위치

Central Park West 79th Street

운영 시간

수요일~일요일 10am~5:30pm

⟨The Museum of Modern Art(MOMA)⟩

입장료

성인 $25, 어르신 65세 이상 $18, 장애인$18, 학생 $14, 어린이 16세 이하 무료

위치

11 West 53rd Street

운영 시간

일요일~금요일 10:30am~5:30pm

토요일 10:30am~7:00pm

⟨National Museum of the American Indian⟩

입장료

무료

위치

One Bowling Green

운영 시간

매일 10am~5pm (Black Fridays 블랙 프라이데이 제외)

⟨The Statue of Liberty & Ellis Island Museum⟩

입장료

성인(13-61세) $24, 어린이(4-12세) $12, 어르신(62세 이상) $18

운영시간

Ferries 매일 8:30am~9pm (여름 시즌 연장)

화창한 날 맨해튼 도시 풍경 보며
허드슨강에서 무료로 카약 즐겨보기!

아래 세 곳을 추천한다. 해마다 스케줄이 약간 변경될 수 있으니 홈페이지에서 날짜와 시간을 꼭 확인하고 카약은 무료로 체험 후 원하는 만큼 기부할 수 있다는 점 참고하자.

⟨Downtown Boat House⟩

주소

Pier 26, New York

운영 시간

주말 & 국경일 5월 20일 -10월 9일 9 am~5 pm 화-목 6월 20일-9월 14일 5pm~7:30pm

홈페이지

http://www.downtownboathouse.org/free-kayaking

〈Brooklyn Bridge Park Boat House〉

주소

Pier 2, Brooklyn Bridge Park

운영 시간

6월 첫째 주 주말 ~ 8월까지 토요일 10am~3pm

목요일 5:30pm~6:45pm

홈페이지

http://www.bbpboathouse.org

〈Manhattan Community Boat House〉

주소

Pier 96 at 56th Street in Hudson River Park

운영 시간

토-일 5월 28일-10월 9일 10am~6pm

월-수 6월 6일-8월 31일 5:30pm~7:30pm

홈페이지

http://www.manhattancommunityboathouse.org

맨해튼 Express 지하철
타지 말기!

뉴욕에서 지하철 처음 타보는 여행객들이 흔히 하는 실수가 있다. 뉴욕 지하철은 local stop과 express stop이 있다. 승차하는 곳과 가까운 곳에 하차를 원한다면 반드시 local stop 지하철을 이용해야 한다. 로컬 혹은 익스프레스인지 확인하지 않는다면, 단 두세 정거장만 가면 되는 거리를 원하지 않는 먼 곳까지 논스톱으로 갈 수 있다. Local? Express? 꼭 확인하고 승차하기!

맨해튼에서 Mc Donald, Olive Garden 같은
체인 레스토랑 혹은 카페 가지 말기!

뉴욕에서는 전 세계의 다양한 음식을 본토 못지않은 퀄리티와 맛으로 즐길 수 있다. 국내에서도 혹은 그 어느 나라에서도 언제나 가볼 수 있는 체인 레스토랑 카페보다 맨해튼 소호 인근을 걷다 보면 돌길에 코지한 카페, 그리니치 빌리지와 같은 보헤미안 분위기가 물씬 풍기는 거리의 테라스와 패티오가 있는 카페나 레스토랑을 추천한다. 거리를 걷다 보면 아기자기하고 역사가 깊은 듯 보이는 카페 레스토랑이 정말 많다. 그리고 뉴욕 로컬이 자주 찾는 맛집은 헬스 키친 지구에 많다. 다양하고 맛있는 식사를 위해 헬스 키친의 거리를 찬찬히 둘러보고 걸어보자. 로컬이 즐기는 맛집에서 특별한 식사를 즐길 수 있다.

추천 카페

-영화 〈문스트럭〉 촬영지 Cafe Cluny, 284 West 12th Street and West 4th Street

-영화 〈대부〉 촬영지 Cafe Reggio, 119 MacDougal Street

추천 맛집

헬스 키친 Pure Thai와 Obao 레스토랑은 한국 사람들의 입맛에 잘 맞는다.

-Pure Thai Cookhouse, 766 9th Ave (between 51 & 52 Street)

-OBAO Noodles & BBQ Restaurant, 647 9th Ave (between 45th & 46th Street)

신용카드만 지갑 속에 가지고 다니지 말기!

현금도 꼭 준비해야 한다. 뉴욕에서 유명한 맛집 중 현금만 받는 곳도 있는데 어렵게 찾아갔다가 현금이 없어서 헛수고가 될 수 있다. 현금 준비는 뉴욕 여행 중 필수!

맨해튼 여행 계획을 세울 때 시간은 충분히 그리고 여유 있게!

맨해튼은 하나의 섬이기 때문에 여행하는 시간이 크게 소요되지 않을 것이라고 착각하기 쉽다. 하지만 맨해튼은 거리 곳곳마다 볼거리가 너무 많고 다양하기 때문에 목적지를 향하는 과정에서 생각지도 못한 시간을 소비하게 되는 경우가 꽤 있다. 거리 공연이나 벽화를 구경하게 되고 혹은 거리를 걷다 독특한 소규모 아트갤러리를 발견하기도 하고, 역사가 깊은 분위기 좋은 카페 또는 레스토랑이 눈에 띄어 꼭 들르게 되는 일이 많다. 매우 짧은 일정으로 하루에 로어 맨해튼, 그리니치 빌리지, 타임스퀘어, 어퍼 사이드까지 다 보는 일정으로 스케쥴을 잡는 사람들이 있는데, 뉴욕은 바쁘게 움직여야 하는 도시라는 편견을 버리자. 뉴욕은 여유와 낭만을 만끽할 수 있는 도시다. 하루 온종일 맨해튼 단 하나의 지구만 들러도 시간이 부족하다.

마지막으로 뉴요커는 "까칠하다? 냉철하다? 불친절하다?" 라는 편견 버리고 여행하기!

흔히 캘리포니아는 사람들이 친절하고 마음이 따뜻한데, 뉴요커는 차갑고 까칠해서 불편하다는 엄청난 오해들을 한다. 이런 편견 때문에 친절하게 미소 짓지 않고 인상이 굳어 있는 상태에서 뉴요커들을 대할 수 있다. 이러한 표정을 짓는 여행객들에게 로컬 뉴요커들이 친절하게 미소 지어 줄 이유가 없지 않을까? 뉴요커들은 늘 사람들과의 소통과 문화를 즐기고 휴식과 낭만을 갈망하는 따뜻하고 여유 있는 마음을 소유한 사람들이라 난 생각한다. 내가 편견 없는 마음으로 친절하게 다가가면 그들도 친절하게 대해줄 것이다. 그래도 간혹 웃는 얼굴에 혹시 침 뱉는 사람들이 있다면? 그럼 그저 무시하고 지금 여행하는 순간을 기분 좋게 즐기자.

Love and be loved!

 # 맨해튼 거리

　맨해튼(Manhattan)은 미국 뉴욕의 자치구 중 가장 인구 밀도가 높은 자치구로, 동쪽의 루스벨트 섬과 서쪽의 허드슨강에 있는 몇 개의 섬 그리고, 브롱스와 밀접해 있는 지역인 마블힐을 포함한 지역을 가리킨다. 맨해튼의 인구는 약 165만 명이며, 지역의 경제규모(GDP)는 약 1조 6,600만 달러로 전국 1위를 유지하고 있다. 최근 1인당 국민소득은 100,000달러를 넘었고 이는 세계 1위 기록이다.

　맨해튼은 경제, 금융, 패션 문화적으로 세계 최고의 도시라 할 수 있고, 유명한 랜드마크, 관광지, 박물관, 대학교 그리고, 유엔 본부가 있는 곳이다. 뉴욕 증권거래소와 NASDAQ이 있는 월 스트리트가 있으며, 뉴스, 잡지, 책과 같은 여러 대중 매체의 출판업자들 뿐만 아니라 미국에 있는 대부분의 주요한 라디오, 텔레비전, 통신 회사들이 이곳에 기반을 두고 있다.

　맨해튼은 명실공히 미국의 중심지이며 뉴욕 대도시권의 중심지다. 비즈니스, 엔터테인먼트 활동의 중심지라, 맨해튼 근처의 브루클린과 퀸스 지역 주민들은 맨해튼에 가는 것을 종종 "도시로 간다"라고 표현하기도 한다.

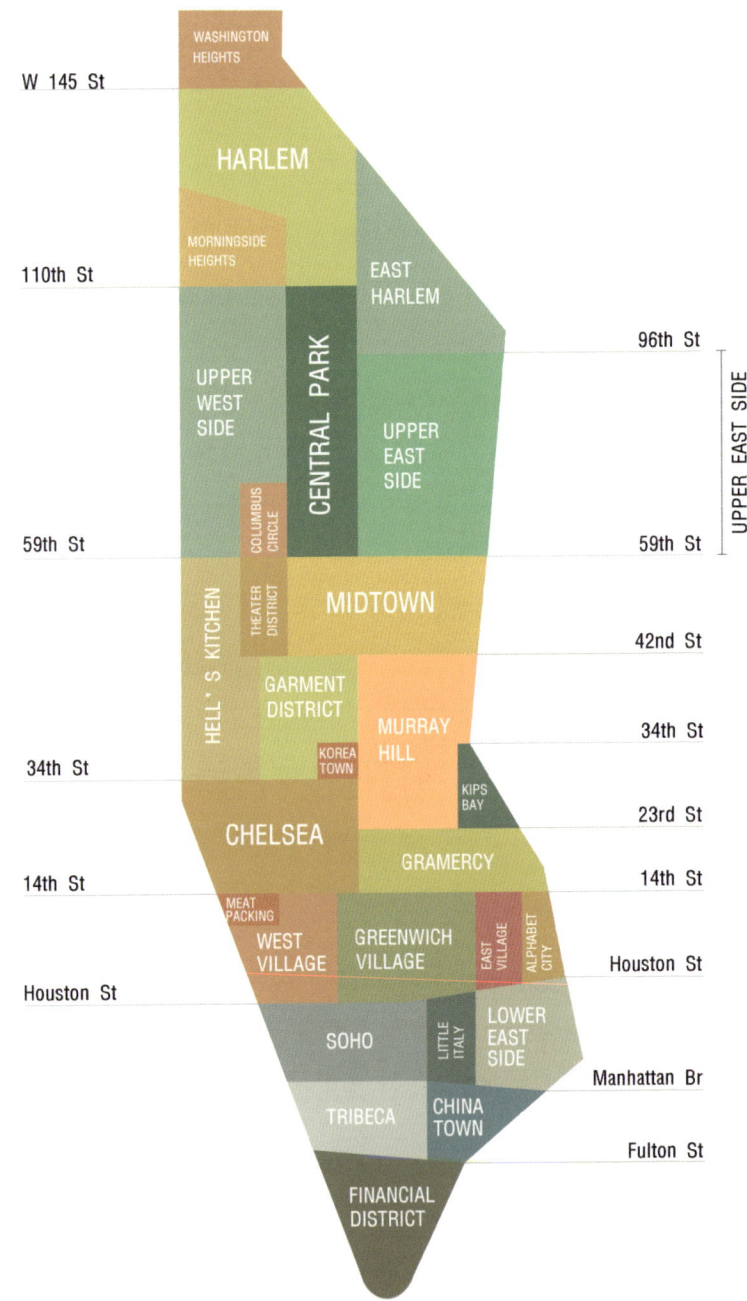

맨해튼의 주요 지구 분류

로어 맨해튼(Lower Manhattan)은 맨해튼의 남쪽 지역을 뜻하는 말로, 월 스트리트, 뉴욕 증권거래소 등이 위치한 뉴욕 경제의 중심이다.

미드타운 맨해튼(Midtown Manhattan) 또는 간단히 미드타운(Midtown)은 뉴욕 맨해튼의 지리상 중심 지역을 말한다. 엠파이어 스테이트 빌딩, 록펠러 센터, 크라이슬러 빌딩과 타임스퀘어 등도 여기에 위치한다. 미드타운을 중심으로 윗부분은 어퍼 맨해튼, 아래는 로어 맨해튼이라 불린다.

어퍼이스트 사이드(Upper East Side)는 맨해튼의 한 지역으로 센트럴파크(Central Park)와 이스트강(East River) 사이에 위치하고 있다. 어퍼이스트 사이드는 센트럴파크가 시작되는 59번가에서 96번가, 이스트강(East River)에서 센트럴파크까지 해당하며, 뉴욕에서 가장 부유한 지역 가운데 하나이다.

웨스트 사이드(West Side)는 맨해튼 서쪽에 위치한 허드슨강에 인접해 있고, 뉴저지를 마주보고 있는 지역을 말한다. 맨해튼 서쪽지역으로 웨스트 할렘, 모닝사이드하이츠, 맨해튼밸리, 어퍼웨스트 사이드, 헬스 키친, 첼시, 웨스트 빌리지, 소호, 트라이베카 지역을 포함한다.

소호(SoHo)는 사우스 오브 하우스턴(South of Houston)의 약자로, 하우스턴 스트리트 남쪽부터 그랜드 스트리트에 이르는 장방형의 지역을 일컫는다. 스프링 스트리트와 프린스 스트리트를 중심으로 흔히 이 지역을 뉴욕 패션의 메카라 부른다. 패션의 거리로 알려진 소호지만 본래 소호는 젊은 예술가들이 모여 사는 예술의 거리로 유명해진 곳이다. 이 지역에는 공장과 창고가 많았는데, 대공황 이후 도산과 폐업으로 황폐해진 소호 거리에 가난한 예술가들이 아틀리에를 만들기 시작했다. 감각 있는 젊은 예술가들의 갤러리와 개성 넘치는 가게가 속속 생겨나 예술의 거리로 거듭났다. 그러나 임대료가 오르면서 예술가들은 떠나게 되고, 대신 그 자리에는 샤넬, 프라다 등의 명품 브랜드와 고급 레스토랑이 들어섰다. 이제는 새로운 트렌드를 창조해내는 패션의 거리로 이른바 '뉴요커 스타일'을 이끌고 있다. 또한 소호에 아틀리에를 마련했던 예술가들이 외벽이나 간판을 캔버스 삼아 그린 벽화들을 감상할 수 있다. 브로드웨이를 경계로 소호 동쪽의 노리타에는 신예 디자이너 숍이나 빈티지 숍 등 개성 있는 매장이 많다.

　　리틀 이탈리아(Little Italy)는 로어 맨해튼에 위치한 이탈리아계 주민들이 많이 거주하는 지역이다. 차이나타운의 북쪽에 위치해 있으며, 19세기부터 이탈리아 이민자들이 모여 살기 시작하였다. 그런데, 점차 이곳에 거주하는 이탈리아인이 줄어들고 인근 차이나타운이 더욱 발달 하면서 리틀 이탈리아의 기세가 수그러드는 듯하다. 하지만 여전히 이탈리안 레스토랑이나 델리, 카페가 성업 중이며 이탈리아 못지않은 요리를 맛볼 수 있기 때문에 로컬 뉴요커들과 관광객들에게 인기가 많다.

헬스 키친(Hell's Kitchen)은 미드타운 서쪽에 위치해 있으며, 19세기 중반 산업 발전기의 중심지였다. 당시는 갱단이 많은 지역으로 '미국에서 가장 위험한 지역'이라는 의미로 현재까지 헬스 키친이란 이름으로 불리게 되었다. 현재 맨해튼에서 가장 인기 있는 맛집들이 모여 있는 곳으로 유명하고 안전한 지역이다.

코리아타운(Koreatown)은 맨해튼의 중심이 되는 미드타운 맨해튼에 있으며 엠파이어 스테이트 빌딩, 헤럴드 광장의 메이시스 백화점이 근처에 위치하고 있다. 맨해튼 32번가 일대의 한인 밀집지역으로 1970년 대에는 야채가게와 샐러드 바를 운영하는 한국인들이 많았다. 한인들이 모여들자 자연스럽게 식당, 술집, 그 외의 다른 비즈니스들이 생겨나면서 한인타운이 형성되었다. 맨해튼 코리아타운은 주거보다는 비즈니스 타운의 성격이 강하다. 코리아타운은 갈수록 발전하여 미국인들에 의해 K 타운(K-town)으로 불리며 미국 주류 젊은이들도 즐겨 찾는 장소로 변모하였다. 최근 부상한 K-POP 등 한류의 영향으로 외국인들의 관심이 커지면서 최근 더욱 성장하는 양상을 보이고 있다. 특히 지난 몇 년간은 한인타운과 맞닿은 5애비뉴가와 주변 스트리트에 한국 식당과 프랜차이즈 베이커리가 속속 들어서는 등 주변 지역으로 더욱 팽창하고 있다.

콜럼버스 서클(Columbus Circle)은 맨해튼 어퍼웨스트 사이드에 있는 원형 광장이다. 크리스토퍼 콜럼버스의 동상이 광장 중심에 위치하고 있으며, 링컨센터와 가까운 지역을 의미한다.

알파벳시티(Alphabet City)는 로어이스트 사이드와 이스트 빌리지에 걸쳐있는 지역이다. 알파벳 시티의 이름의 유래는 애비뉴 A, 애비뉴 B, 애비뉴 C 및 애비뉴 D라는 알파벳 문자의 애비뉴 이름이 붙는 맨해튼에서 유일한 지역이라는데서 시작되었다. 유명한 랜드마크는 톰킨스 스퀘어 파크와 누이요리칸 포이어츠 카페(Nuyorican Poets Cafe)가 있다. 이 인근 주거 지역은 유서 깊은 지역으로 독일계 미국인, 폴란드계 미국인, 히스패닉과 라틴계, 그리고 유대계 미국인 주민의 거주지이며 민족 문화의 중심지이다.

트라이베카(TriBeCa)는 미국 로어 맨해튼의 한 구역으로, Triangle Below Canal Street의 약자이다. 매년 봄 트라이베카 영화제가 개최된다.

파이낸셜 디스트릭트(Financial District)는 뉴욕 로어 맨해튼의 지역에 위치한다. 세계 최대의 금융가이며, 월 스트리트를 포함한 뉴욕 증권거래소, 뉴욕 연방 준비 은행, 세계 금융 센터 등이 위치하고 있다.

차이나타운(Chinatown)은 맨해튼교 근처에 위치한다. 1860년대부터 대륙 횡단 철도 공사를 위해 일하러 온 중국인들이 뉴욕에 머무르면서 차이나타운이 형성되었다. 지금도 중국인들은 여전히 자신들의 문화나 관습을 지키며 살아가고 있다. 차이나타운에 가면 미국인 것을 의심할 정도로 한자의 홍수와 만나게 된다. 다국적 기업인 간판조차 한자로 적혀 있다. 거리는 온통 붉은빛 일색이어서 중국풍 분위기를 확연히 느낄 수 있다.

맛있고 다양한 중국 음식을 맛볼 수 있고, 중심 거리인 캐널 스트리트를 중심으로 식재료를 파는 식품점, 슈퍼마켓, 노점, 음식점 등이 늘어서 있다. 뉴욕의 명물이 된 포장마차도 이곳에서 만날 수 있는데, 일반적인 뉴욕의 포장마차와는 달리 춘권, 야채 튀김, 중국식 볶음국수, 양꼬치 등 중국 음식만을 판다. 요즘에는 필리핀, 베트남, 태국, 말레이시아 등 아시아권 여러 나라 사람들이 이곳으로 이주해 와서 여러 나라의 음식점 들이 생겨났고 덕분에 음식의 종류가 더욱 다채로워졌다.

첼시(Chelsea)는 맨해튼 남서부에 위치한 지역으로 대표적인 게이 빌리지로도 알려져 있고, 또한 다양한 갤러리가 있다.

할렘(Harlem)은 센트럴파크 북쪽 116번가에서 155번가에 위치해 있으며, 맨해튼 북부 미국 최대의 흑인 거주구이다. 오랫동안 빈민가 혹은 흑인 빈민가를 지칭하는 대명사로도 사용된다. 1658년 뉴네덜란드의 총독 페터 스토이베산트가 네덜란드의 도시 하를렘을 따서 이름을 지어 정착지를 설립한 것이 기초이다. 1880년대의 빌딩 붐이 일어나면서 아파트들이 들어섰고, 미국 남부에서 들어온 흑인들이 정착하기 시작하면서 제1차 세계대전 때에 흑인들의 거주, 상업지대로 단단히 설립되었다. 전쟁이 끝나자, 할렘 르네상스가 발달하였다. 이후 흑인들이 계속 늘어나면서 질병, 빈곤, 실업 등의 문제들이 생겨 결국 빈민가를 이루고 말았다. 1980년대에 와서 공동 주택 공급, 더 나은 의료 시설 등의 개발을 추진하였다.

 영화에서 가장 많이 등장하는 뉴욕의 명소

타임스퀘어(Times Square)는 뉴욕 미드타운 맨해튼에 있는 유명한 상업적 교차로로, 웨스트 42번가와 7애비뉴 그리고, 브로드웨이가 교차하는 일대를 말한다. 타임스퀘어는 브로드웨이의 극장가가 환하게 빛나는 중심지이고, 세계의 관광객들이 가장 많이 방문한 명소로, 매일 약 300만 명 이상의 사람들이 지나가는데, 대부분 관광객이거나 뉴욕 지역에서 업무를 보는 사람들이다.

예전에는 롱에이커 스퀘어(Longacre Square)로 알려졌으나, 1904년 4월 뉴욕 타임스의 본사가 이쪽으로 이전해 오면서 타임스퀘어라고 부르게 되었다. 19세기 말, 말 거래업자, 마구간, 마차 등으로 붐비던 곳 이었는데, 1899년 오스카 헤머슈타인이 이곳에 최초로 극장을 세우면서 브로드웨이 공연문화가 시작되었다.

타임스퀘어가 지금에 모습을 갖추기 이전인 1970년대와 1980년대는 범죄 소굴이었으며, 성인영화관, 성인용품 상점, 스트립쇼 공연장이 즐비하던 곳이었다. 하지만 뉴욕주와 시 당국은 재개발 계획을 추진하였고, 오늘날 같이 많은 새로운 공연장, 호텔, 음식점, 대규모 상점들이 들어서면서 재정비되었다.

타임스퀘어 재개발 계획은 건축가 로버트 스턴, 청소년 극장의 소유주인 월트 디즈니사의 공이 컸다. 이로 인해 디즈니를 필두로 건전한 업체의 입주가 쇄도하며, 현재의 모습을 갖추게 되었다.

5애비뉴(Fifth Avenue)는 맨해튼에서 가장 번화한 거리로 남북으로 길게 종단하는 거리이다. 명품 쇼핑 거리로 유명하고 센트럴파크를 조망할 수 있는 고급 아파트와 역사적인 저택이 들어서 있다. 남쪽에서 시작하여 그리니치 빌리지, 첼시, 미드타운 맨해튼, 어퍼이스트 사이드, 할렘 지역을 통과하며, 엠파이어 스테이트 빌딩, 록펠러 센터, 시립도서관, 센트럴파크, 구겐하임 미술관, 메트로폴리탄 미술관 등이 밀집해 있다.

파크 애비뉴(Park Avenue)는 맨해튼을 남북으로 종단하는 폭이 비교적 넓은 애비뉴이다. 대부분의 구간에서 서쪽으로 매디슨 애비뉴와 동쪽으로 렉싱턴 애비뉴가 이어져있다. 주 뉴욕 대한민국 총영사관이 이 거리에 위치해 있다.

그랜드 센트럴 터미널(Grand Central Terminal)은 맨해튼 42번가와 파크 애비뉴의 교차점에 위치한 터미널형 역이다. 그랜드 센트럴 역 또는 단순히 그랜드 센트럴로 불리기도 한다. 전 세계를 통틀어 가장 큰 역이기도 하지만, 화려한 건축양식으로 관광객들에게 인기가 많다. 주로 뉴욕 근교 거주자들이 탑승하는 통근 노선이 이 역을 이용하고 있으며, 매년 1억 명의 사람들이 이 역을 이용한다. 역의 천장은 2,500개의 별들로 장식되어 있다.

플라자 호텔(Plaza Hotel)은 맨해튼에 위치한 유서 깊은 호화 호텔이다. 1907년 건축되어 100년 이상의 역사를 가지고 있다. 센트럴파크의 동남 모서리에 위치한 그랜드 아미 플라자에 접하고 있으며, 옛 건물을 리모델링하여 고풍스럽고 근사한 외관과 현대적인 내부 시설을 갖추고 있다. 루프탑에 마련된 바에서 일광욕을 하며 휴식을 취할 수 있으며, 뉴욕의 역사적 건축물로 지정되어있다.

브루클린교(Brooklyn Bridge)는 맨해튼과 브루클린을 연결하는 다리로 뉴욕에서 가장 아름다운 다리로 손꼽힌다. 또한 미국에서 가장 오래된 현수교 가운데 하나이기도 하다. 1869년 착공하여 1883년에 개통한 다리로 공사 기간만 15년이 걸렸다. 600명의 인부가 투입되었는데, 건설 과정에서 20명이 넘는 사람이 사고로 죽음을 당해 비운의 다리로 불리기도 한다. 브루클린교는 걸어서 건널 수 있으며, 1층은 차도, 2층은 인도로 구분되어 있다. 다리의 끝에서 끝까지 걸으면 1시간 정도 걸린다.

베데스다 분수(Bethesda Fountain)는 뉴욕시가 크로톤 상수도관의 개설을 기념해 만든 센트럴파크 중심에 위치한 분수다. 이 분수는 베데스다 연못을 모델로 했으며, 물의 천사라 불리는 청동상은 1873년 세워졌다.

매디슨 애비뉴(Madison Avenue)는 맨해튼 지역을 10㎞에 걸쳐 남북으로 종단하는 길로 북쪽으로 일방통행이다. 서쪽에는 5애비뉴, 동쪽에는 파크 애비뉴가 같이 지나고 있다. 이 거리는 1836년 변호사이자, 부동산업자인 새뮤얼 러글스(Samuel Ruggles)의 노력에 의해 만들어졌으며, 거리의 이름은 매디슨 스퀘어 옆을 통과하기 때문에 붙여졌다. 특히, 이 거리에는 광고 회사가 많이 입점해 있기 때문에, 광고 거리의 대명사로 불리기도 한다.

퀸스보로 다리(Queensboro Bridge)는 뉴욕 이스트 강에 놓인 다리로, 이스트 강 중앙의 루스벨트섬 위를 지나 맨해튼과 퀸스를 연결하는 총 길이 1,135m 길이의 다리이다. 1909년 개통된 이 다리는 맨해튼 59번가와 60번가 사이에 위치해 있으며, 많은 사람들이 보통 59브릿지라고 부르기도 한다.

더 몰(The Mall, Central Park)은 센트럴파크를 계획한 옴스테드와 보크스는 시원하게 뻥 뚫린 연회장 개념으로 많은 사람들이 즐기고 춤출 수 있는 곳을 계획했는데, 그렇게 만들어진 유명한 거리가 The Mall이다.

록펠러 센터(Rockefeller Center)는 맨해튼 5애비뉴와 6애비뉴 사이에 있는 초고층 건물 등 여러 건물로 구성된 복합 시설이다. 1987년 미국 역사 기념물로 선언되었다. 억만장자 존 D. 록펠러에 의해 1930년에 건설되었다. 전년에 일어난 대공황의 영향으로 그 건축 계획이 변경되어 모든 건축물이 완성된 것은 9년 뒤인 1939년이었다.

맨해튼의 중심이라고도 할 수 있는 48번가와 51번가의 22에이커의 땅에 19개의 상업용 건물이 사방에 세워져 각 건물의 저층은 하나의 건물로 연결되어 있다. 가장 큰 GE 빌딩은 높이 259m, 70층이며, 꼭대기에 톱 오브 더 록(Top of the Rock)이라는 전망대가 있다.

도심에 위치한 반 지하 플라자에는 만국기와 프로메테우스의 황금 동상이 서 있고 여름에는 카페 테라스, 겨울에는 아이스 스케이트 링크로 사용된다. 특히 12월이 되면 대형 크리스마스트리가 장식되는 것으로 유명하다.

자유의 여신상(Statue of Liberty)은 프랑스가 19세기 말에 미국의 독립 100주년을 축하하기 위해 제작한 구리 조각상으로 뉴욕의 리버티 섬에 있다. 1886년에 완공되었으며, 미국의 자유와 민주주의의 상징이 되었고, 1984년에는 유네스코 세계문화유산에 등록되었다. 발코니까지 엘리베이터가 올라가며 거기에서부터 전망대인 머리 부분까지는 나선형의 계단이 설치되어 있다. 자유의 여신상은 원래 등대였기 때문에 뉴욕 항을 향하고 있다. 횃불은 등대의 역할을 했었지만, 현재는 등대 역할을 사용하지 않고 있다. 2001년 9월 11일 발생한 9·11 테러사건 후 안전을 위해 이 전망대는 폐쇄되어 있었지만, 2009년 7월 4일 독립기념일에 맞추어 약 8년 만에 재개되었다. 하루 입장 인원이 제한되어 있으니, 미리 예약을 할 필요가 있다.

뉴욕 주 대법원(New York County Supreme Court)은 로어 맨해튼의 Civic Center 지구에 위치한 뉴욕 주 대법원 건물로 원래 New York County Courthouse로 불렸다.

배터리 파크(Battery Park)는 맨해튼 남쪽에 위치한 공원으로 자유의 여신상이 있는 리버티 섬으로 가는 페리를 탈 수 있다. 배터리라는 공원 이름은 도시의 정착지를 보호하기 위해 도시의 초기에 배치된 포병대 (Artillery Batteries)의 이름을 따서 명명되었다.

메트로폴리탄 미술 박물관(Metropolitan Museum of Art, The Met)은 맨해튼 어퍼이스트 사이드에 있는 세계적인 미술관이다. 1870년에 소규모로 개관하였고, 1880년에 현재의 위치로 이전하였으며, 지금은 회화와 조각, 사진, 공예품 등 300여만 점이 소장되어 있다. 이 박물관은 국가나 정부 기관의 주도가 아닌 순수하게 민간이 주도하여 설립되었고, 미술관의 운영 관리는 평의원회(Board of Trusty)가 담당하고 있다.

워싱턴 스퀘어 공원(Washington Square Park)은 그리니치 빌리지(Greenwich Village)에 위치해 있으며, 뉴욕 1,700개 공원 중 가장 잘 알려진 시민 공원이다. 1826년 공원으로 조성되었으며, 인근에 뉴욕 대학교(NYU)가 위치해 있다. 현재는 많은 시민들이 모여 여가를 즐기는 곳이자, 문화 공연이 진행되는 장소이다. 공원 내부에는 대규모의 분수와 스탠포드 화이트(Stanford White Arch)에 의해 설계된 워싱턴 스퀘어 아치(Washington Square Arch)가 있으며, 조지 워싱턴(George Washington) 대통령의 취임 100주년을 기념하기 위해 1889년에 처음 만들어졌다.

월도프 애스토리아 호텔(Waldorf Astoria Hotel)은 1931년 개장 후 뉴욕 랜드마크로 자리 잡은 최고급 호텔이다. 맨해튼의 중심인 파크 애비뉴와 렉싱턴 애비뉴 사이의 한 블록을 모두 차지하고 있는 이 호텔은 80여 년 동안 미국 정치와 문화의 중심 역할을 해왔다. 개장 이후 미국 대통령이 뉴욕을 방문할 때마다 숙소로 사용했고, 각 국의 대통령 등 국빈들이 이 호텔을 자주 이용한다. 호텔 내부가 전통적으로 화려하기도 하지만, 이 호텔이 한 블록을 모두 차지하기 때문에 경호에 수월한 면도 있다. 또한 유사시, 사용하지 않는 지하철 선로를 이용해서 대피가 가능한 장점이 있기에 여러 중요 행사가 많이 열린다. 근래 리모델링되면서 고급 아파트로 분양되고, 나머지 공간만 럭셔리 룸으로 개조돼 호텔의 명맥을 잇게 된다고 한다.

뉴욕 공립도서관(New York Public Library)은 맨해튼 40번가와 5애비뉴에 위치한 세계 5대 도서관 중 하나이다. 약 5,000만 점의 도서와 소장품들이 120㎞에 달하는 책꽂이에 진열되어 있다. 1901년 앤드루 카네기의 기부금으로 설립하기 시작, 1902년 착공해서 1911년 개관하였다. 공립이라고 하지만 실제로는 민간의 기부로 운영되는 독립법인이다. 모든 자료를 누구나 열람할 수 있는 가장 개방적인 도서관으로 유명하기도 하다. 건축의 아름다움으로도 유명한데, 정문의 2개의 사자상 중 남쪽 사자상은 인내를 북쪽의 사자는 불굴의 정신을 상징한다.

맨해튼교(Manhattan Bridge)는 뉴욕 이스트강에 위에 위치한 다리로, 맨해튼과 브루클린 지역을 맺는다. 석재로 만들어진 브루클린교와 달리 푸르스름한 빛이 감도는 철재로 만들어졌다. 브루클린교와 맨해튼교 모두 현수교로서 비슷한 모습을 하고 있어서 맨해튼의 쌍둥이 다리라는 애칭으로 불리기도 한다.

멀베리 스트리트(Mulberry Street)는 로어 맨해튼 소호지역에 있다. 역사적으로 이탈리아와 미국 문화 및 역사와 관련이 있으며 19세기 후반과 20세기 초반에는 맨해튼의 리틀 이태리의 심장부였다. 멀베리 스 트리트는 1755년 이래로 이 지역의 지도에 기록되었다. 현재는 빈티지 숍들과 분위기 있는 이태리 음식을 즐기기 위해 많은 사람들이 모이며, 주말에는 젊은 디자이너들의 장이 서기도 한다.

스프링 스트리트(Spring Street)는 프린스 스트리트와 함께 뉴욕 패션의 메카라고 불리는 소호의 중심이 되는 거리 중 하나이다. 프라다 플래그십 스토어를 비롯해서 명품 브랜드의 매장이 밀집해 있다.

엠파이어 스테이트 빌딩(Empire State Building)은 맨해튼 5애비뉴와 34번가의 모퉁이에 있는, 1931년에 지어진 울워스 고딕 양식의 건물이다. 지상 102층에 높이는 381m이며 1953년에 설치된 안테나 탑을 포함할 경우 443m이다. 86층의 콘크리트건물 위의 16층짜리 철탑은 본래 비행선의 계류탑을 목적으로 만들어졌으나 바람이 심해 비행선 정박이 위험하다는 이유로 거의 사용되지 않았으며 현재는 전망대와 방송용 안테나만이 위치해있다. 빌딩 내에는 73개의 엘리베이터가 있으며 모두 합친 길이는 무려 11㎞나 된다. 또한 102층까지 1,860개의 계단이 있으며 6,500개의 창문이 있다. 건물에는 약 940개의 회사와 약 20,000명의 사람들이 일하고 있다. 세계 무역 센터가 지어지기 전에는 세계에서 가장 높은 건물이었다. 그 동안 뉴욕 시에서 세번째로 높은 마천루였으나 9·11테러로 세계 무역 센터가 파괴되어 2012년까지는 뉴욕 시에서 가장 높은 빌딩이라는 타이틀을 가지게 되었다. 이후 2013년 신세계무역센터 프리덤 타워가 541m로 공사가 완료되어 뉴욕에서 두 번째로 높은 빌딩이 되었다.

울먼 링크(Wollman Rink)는 맨해튼 센트럴파크 내에 위치한 공공 아이스링크이다. 1949년 케이트 울먼이 기부한 60만 달러로 만들어 졌으며, 부동산 재벌이자 전 미국 대통령 도널드 트럼프의 지원으로 유지된다고 한다. 뉴욕에 있는 3대 아이스 링크 중 가장 크고 상대적으로 입장료가 저렴하다. 여름에는 인라인 스케이트장으로, 봄과 가을에는 테니스 코트 또는 미니 골프장, 이벤트 행사장 등으로 이용되고 겨울 시즌에 아이스 링크로 이용된다.

알렉산더 해밀턴 미국 세관 청사(Alexander Hamilton U.S. Custom House)는 로어 맨해튼 근처에 위치한 건물로 1902-1907년에 연방 정부가 뉴욕항의 임무 징수 작전을 수행하기 위해 건축했다. 보자르 양식으로 세워졌는데, 오랫동안 사용을 하지 않다가 현재 미국 인디언 국립 박물관(National Museum of American Indian Museum)과 국립기록보존관(National Archives)으로 사용되고 있다. 알렉산더 해밀턴은 초대 재무부 장관이며, 미국 $10 지폐에 얼굴이 찍혀있는 미국 건국의 주역이고 금융 산업의 기초를 닦은 인물이다.

엠파이어 풀턴 페리 스테이트 공원(Empire Fulton Ferry State Park)은 맨해튼교 아래 위치한 공원으로 맨해튼 풍경과 브루클린교를 함께 감상할 수 있는 야경이 아름다운 곳으로 유명하다.

월가(Wall Street)는 맨해튼 로어 맨해튼 남부에 위치한 금융기관이 집중된 거리이다. 이 지구는 식민지 시대에 성벽으로 둘러싸여 있어 '월 스트리트'라는 이름이 생겼다. 월가는 뉴욕 증권거래소의 소재지이며, 미국의 '영향력 있는 금융세력'을 환유적으로 말할 때 월 스트리트라는 말을 사용하기도 한다. 세계 최대의 금융가이며, 뉴욕 증권거래소, 뉴욕 연방 준비은행, 세계 금융 센터, 페더럴 홀 국립기념관, 미국 금융 박물관 등이 위치해 있다.

태번 온 더 그린(Tavern on the Green)은 뉴욕 센트럴파크 내에 위치한 분위기 있는 레스토랑으로 1934년 문을 열었다 중간에 잠시 닫았지만, 최근 다시 오픈하여, 그 명성을 이어가고 있다. 매년 수십만 명이 찾으며, 가장 매출이 많은 레스토랑으로 언론에 자주 언급되기도 한다.

시그램 빌딩(Seagram Building)은 뉴욕 미드타운 맨해튼 52번가와 53번가 사이의 파크 애비뉴 375번지에 있는 초고층 빌딩이다. 1958년, 시그램 미국 본사 건물로, 미스 반 데르 로에와 필빕 존슨의 설계에 의해 건설되었다. 대리석과 브론즈의 치장용 벽돌로 된 단순한 형태, 치밀한 비례, 고도의 미적 손질로 인해 미술 작품의 집대성이라 일컬어지고 있다.

라디오 시티 뮤직 홀(Radio City Music Hall)은 뉴욕 록펠러 센터의 음악 공연장이다. 6,200석 규모의 세계 최대의 홀이며, 매년 6월 토니상 시상식도 여기에서 열린다. 설계자는 에드워드 듀럴스톤이다. 1932년에 설립된 이 홀은 유명 영화의 초연, 유명인들의 쇼 등이 열리는 명소로 매년 600만 명 이상이 찾는다.

틀파니(Tiffany & Co)는 영화에서 그려진 것처럼 상류사회 부의 상징이자 행복의 상징으로 통한다. 쇼핑의 번화가인 5애비뉴 57번가에 위치해 있다.

플랫아이언 빌딩(Flatiron Building)은 맨해튼 5애비뉴와 브로드웨이 애비뉴가 교차하는 지점에 세워진 보자르 건축 양식의 삼각형 22층 마천루이다. 설계 당시 원래 이름은 풀러 빌딩(Fuller Building)이었으나, 건물 모양이 다리미 같다고 해서 플랫아이언이라는 현재 이름이 붙여진 것이다. 1902년 완공되었고, 1909년까지 가장 높은 건물이었다. 가장 좋은 부분의 폭이 2m에 불과하고, 건물 양쪽 면이 약 25° 각도로 만난다.

크라이슬러 빌딩(Chrysler Building)은 맨해튼 동부에 42번가와 렉싱턴 거리의 교차점에 위치해 있으며, 1930년에 총 77층 높이로 완공되었다. 뉴욕 시를 대표하는 건물 중 하나다. 건물의 높이는 319.4m로, 완공 이듬해인 1931년 엠파이어 스테이트 빌딩이 102층 381m로 건설하기 전까지 잠시나마 세계에서 제일 높은 빌딩이었으며, 벽돌 건물로는 여전히 세계기록을 보유하고 있다. 크라이슬러사가 지었으며, 외부의 독특한 문양으로 여전히 맨해튼에서 손꼽히는 건축물 중에 하나로 자리 잡고 있다.

루스벨트 아일랜드 트램웨이(Roosevelt Island Tramway)는 맨해튼과 퀸스 사이에 있는 작은 섬 루스벨트 섬과 맨해튼을 연결하는 공중 케이블카이다. 버스나 지하철을 타고도 오갈 수 있는 곳이지만, 독특하게 케이블카가 설치되어 있어 거주자뿐 아니라 많은 여행객들이 이용하고 있다.

첼시 호텔(Chelsea Hotel)은 뉴욕 첼시에 위치한 호텔로 1873년 만들어졌고, 140년 이상의 역사를 가지고 있다. 처음에는 아파트 용도로 지어졌는데, 호텔로 개조하여 1905년 오픈하였다. 선명한 붉은 벽돌이 인상적이며 지미 헨드릭스, 밥 딜런, 마돈나, 마릴린 먼로와 같은 유명 인사들이 이 호텔에 머물렀고, 맨해튼을 찾는 이들이 직접 머물러 보고 싶어 하는 역사적인 장소이자 유명 관광지가 되었다.

더 다코타(The Dakota)는 1880년에 착공해 1884년에 완성된 뉴욕 맨해튼에 위치한 최고급 아파트이다. 존 레논이 마지막까지 살았던 아파트로 로비부터 경비가 삼엄해서 들어가서 보기는 쉽지 않다. 1973년부터 이곳에 살았던 비틀즈의 존 레논은 1980년 12월 8일, 건물 입구에서 피살되기 직전까지 거주한 곳으로 유명하다.

에필로그

비 오는 오후,
구겐하임 미술관 관람을 마치고
어퍼이스트 사이드의 넓은 호수를 사이로 센트럴파크에서
조깅하는 사람들을 보았다.
그들은 비가 쏟아지는 날에도 열심히 달리고 있었다.
뉴요커는 운동을 결코 게을리 하지 않는다.
성공을 향해 달리고,
꿈과 목표를 향해 도전하기 위해 달리는 것이다.

6월 초 비 오는 오후,
유난히 비가 많이 내리던 회색 빛 뉴욕
어퍼이스트 사이드 센트럴파크에서 나 홀로 뉴욕을
거닐며 속삭였다.

뉴욕이 설레다.
뉴욕이 사랑스럽다.
뉴욕에서 매일 산책하고 싶다.

6월의 어느 날, 회색빛 비 오는 오후

화창한 날 브라이언트 파크에서,
하늘을 가릴 만큼 울창한 나무 사이로 햇살이 스며든다.
그리고 한가로운 풍경이 눈에 들어온다.
바람이 솔솔 불어 나무를 흔들고 나무는 향기를 풍긴다.
하늘을 향해 높게 쭉쭉 뻗은 빌딩과 나무가
아름다운 조화를 이루고 있다.
도시와 자연의 아름다운 조화….
푸른 나무가 길게 늘어선 공원에서
상쾌한 바람이 내 뺨을 부드럽게 스친다.

좋다.
이 자유로움이. 이 여유로움이.
사랑에 빠지고 싶다, 이 도시와.

햇볕 따스한 봄날, 5월에

그리니치 빌리지 카페에서,
'카페 레지오'에서 카푸치노 한 잔.
매일 산책하고픈 거리.
'그루브' 라이브 바에서 흘러나오는 감미로운 재즈 음악이
거리를 온통 채우고 있었다.
좋다, 재즈가.
날씨가 흐리고 쌀쌀했다.
따뜻한 커피가 참 좋았다.
바람이 서늘하게 불던 날,
그리니치 빌리지에서 자유로운 오후.
다음에 다시 이곳에 오게 되면 그땐 어떤 느낌일까.

커피와 시나몬 향이 유난히 좋은,
5월의 어느 봄날

늦은 저녁 시간, 집에 들어와 잠시 몸을 소파에 기대며.
고요하다.
나 혼자 이 방에 있는 시간이.
글렌굴드가 연주하는 바흐의 피아노 곡,
골드베르그 변주곡의 멜로디가 온 공간을 감미롭게 채우고 있다.
오늘도 영화 속 뉴욕의 명소를 찾아 거리를 걸었다.

6월의 어느 늦은 여름 밤, 32번가 렉싱턴 애비뉴 아파트에서

영화 속 뉴욕 산책.
이 도시와 사랑에 빠지고 싶다.

여행을 일상처럼
일상을 여행처럼

여행은 새로운 도전으로 채우기 위한 비움이 아닐까.
다음 또 오게 되면 뉴욕은 또 어떤 모습이고 어떤 느낌일까.

서울로 돌아오기 전 마지막 날,
허드슨 강변 산책로에서 운동하며

뉴욕의 진짜 매력은 뭘까.
뉴욕은 모든 분야의 '끝'이 모여 있는 곳이라고 한다
패션, 미술, 음악, 야구, 빈티지, 문화, 경제 그리고…
자기가 사랑하는 분야가 있다면
뉴욕만큼 재미있는 곳이 없을 듯 하다.

좋아하는 것을 찾아 삶을 살아가는 것이 즐겁듯이,
뉴욕에서 내가 좋아하는 무엇을 찾는다면
뉴욕 여행은 세계 그 어디보다도 즐거울 수 있다.

집중할 수 있는 관심사
그것을 가지고 있으면 삶은 희극이고,
그것을 가지고 있지 않으면 삶은 비극이다.

뉴욕에서 내가 좋아하는 것을 찾아가는 여행을 해보자.

그리고,
우리의 삶에서 사랑하는 것 하나 품고 살아가자.

뉴요커란 누구를 말하는 것일까.
뉴욕에 머물고 있는 모두를 뉴요커라 말할 수 있을까.

뉴요커란,
뉴욕이란 도시의 아름답고 밝은 면뿐만 아니라
거칠고 어두운 면까지 다 겪어보고도 이 도시의 매력에 빠져
뉴욕이 아니면 그 어디에서도 살 수 없을 것 같이 느끼는
사람들일 것이라 생각한다.

진정한 뉴요커란,
늘 뉴욕이란 도시를
마음속에 사랑으로 품고 있는 사람들이 아닐까….

첫사랑 같은 나의 첫 번째 책,
독자들과 함께할 기쁜 마음으로 이 책을 마무리하며

영화 속 뉴욕 산책

개정판 1쇄 발행 2022년 8월 5일
개정판 3쇄 발행 2023년 9월 8일

글 정윤주
디자인 허밍버드 디자인팀
편집기획 정윤주
본부장 권용배

펴낸곳 도서출판 허밍버드
출판등록 제 2020-000040호
주소 서울시 서초구 강남대로 369, 12층 (06621)
전화 02) 522-3147
팩스 02) 522-3170
이메일 hummingbird-books@naver.com

ISBN 979-11-96988937 (03980)
ⓒ 정윤주 2022, Printed in Korea

* 정가는 책 뒤표지에 있습니다.
* 이 책은 저작권법에 의하여 보호를 받는 저작물이므로 무단 전재와 복제를 금합니다.
* 파본이나 잘못된 책은 구입하신 서점에서 교환해 드립니다.